Peter Thiesen

# Die gezielte Beschäftigung im Kindergarten

## Bildungsangebote vorbereiten, durchführen und auswerten



LAMBERTUS

Für Anna, Felix und Florian

**Bibliographische Information der Deutschen Nationalbibliothek**

Die Deutsche Nationalbibliothek verzeichnet diese Publikation in der Deutschen Nationalbibliographie; detaillierte bibliographische Daten sind im Internet über http://dnb.d-nb.de abrufbar.

15., überarbeitete und erweiterte Auflage

www.lambertus.de
**Umschlaggestaltung, Layout Bilder:** Nathalie Kupfermann, Bollschweil
**Herstellung:** Franz X. Stückle, Druck und Verlag, Ettenheim
ISBN 978-3-7841-2671-5
ISBN ebook 978-3-7841-2672-2

# Inhalt

# Zur 15. Auflage

Liebe Leserin, lieber Leser,

vor Ihnen liegt die fünfzehnte, überarbeitete und erweiterte Auflage einer Handreichung, die sich zu einem der meistverbreiteten Lehrbücher für angehende Erzieherinnen und Erzieher im deutschsprachigen Raum entwickelt hat.

Das Buch versteht sich als Studien- und Arbeitshilfe für die Bildungsarbeit im Kindergarten. Es wendet sich an alle, die ihr pädagogisches Vorgehen im Elementarbereich bewusst, wirksam und nachhaltig erfüllen wollen. Leicht verständlich gibt der Band schrittweise Informationen über die Auslösung, Begleitung und Reflexion von Lernprozessen und Situationen, die das Kind in seiner Ich-, Sozial- und Sachkompetenz fördern und stärken. Ein wesentlicher Teil ist der Planung pädagogischer Arbeit gewidmet. Sie ist nach wie vor ein fester Bestandteil erzieherischer Kompetenz und Professionalität. Erzieherinnen im Kindergarten stehen täglich vor der Aufgabe, auch unter schwierigen Bedingungen Konzepte zur besseren ganzheitlichen Förderung der Kinder von heute zu entwickeln.

Diesem aktuellen Anliegen wird das Buch auch in seiner 15. Auflage gerecht.

Wer in der Ausbildung gelernt hat, mit Bedacht, Umsicht und Empathie zu planen und zu strukturieren, kann umso besser fundiert auf Wünsche und Interessen der Kinder eingehen, erfolgreich situativ handeln und ihnen individuelle Wege bei der Entdeckung ihrer Welt eröffnen.

Neben dem Freispiel, das große Freiräume für Bedürfnisbefriedigung, Selbsterfahrung und Selbstregulierung offen lässt, ermöglichen kindgemäße Lern- und Handlungsangebote und geplante Aktivitäten im Kindergartenalltag vielseitige und intensive Lernerfahrungen, die für die Persönlichkeits- und Intelligenzentwicklung des Kindes unerlässlich sind. Bei allen Diskussionen um elementarpädagogische Planungskonzepte, Bildungs- und Orientierungspläne, Strömungen, Moden und Trends, die nicht selten dem politischen Zeitgeist huldigen, kann es nur darum gehen, das Kind in den Mittelpunkt unserer Bemühungen zu stellen, ihm auf der Grundlage seiner Bedürfnisse und Interessen immer wieder Räume, Anregungen, Impulse, aber auch Orientierung, Gewöhnung und somit Sicherheit und Geborgenheit zu geben. Um diese anzustrebenden Qualitäten zu sichern, können professionell arbeitende Erzieherinnen und Erzieher auf „Basics“, auf pädagogische und didaktisch-methodische Grundlagen nicht verzichten. Möge Ihnen dieses Buch bei Ihrer verantwortungsvollen, wie auch schönen Bildungsarbeit mit Kindern stets ein hilfreicher Begleiter sein.

Lübeck, im Frühjahr 2014 Peter Thiesen

# Lernen und Verhaltensänderung

## Lernerfahrungen im Kindergarten

Die Bildungs- und Erziehungsaufgabe des heutigen Kindergartens ist komplex zu sehen, auch wenn seine Angebote in einzelne Rahmenbereiche unterteilt sind.

Der Kindergarten ist ein Ort, der Kindern über die Familie und ihre Umwelt hinaus viele Erlebnis- und Handlungsangebote vermittelt.

Während die weitere Umwelt in der Regel auf die Bedürfnisse Erwachsener zugeschnitten ist, berücksichtigt der Kindergarten die Gefühle, Wünsche und Aktivitätsbedürfnisse des Kindes. Dies geschieht in besonderer Weise in der altersgemischten Gruppe.

**Bedürfnisse des Kindes berücksichtigen**

Will die Erzieherin die Gesamtpersönlichkeit des Kindes unterstützen, so wird sie ihm genügend Freiraum für seine spontanen Äußerungs- und Tätigkeitsbedürfnisse bieten (z.B. im Freispiel). Um die differenzierten Formen des Erlebens und Tuns zu fördern, wird die Erzieherin jedoch auch gezielt anregen, anleiten und unterstützen, um dem Kind beim Verstehen- und Begreifenlernen zu helfen.

In den 1990er Jahren wurde der situationsbezogene beziehungsweise -orientierte Ansatz in der Kindergartenarbeit propagiert.

Wenn hierin auch eine nicht von der Hand zu weisende Orientierung am pädagogischen Vorgehen zu sehen ist, muss gerade der Berufsanfänger lernen, gezielt zu planen, bevor er sich auf Situationen einstellen kann, zumal auch das situationsorientierte Vorgehen nicht auf Planung verzichten kann. „Nur Freispiel“ wäre genauso falsch wie „nur situativer Ansatz“, wie „nur gezielte Beschäftigung“. Für die spätere Schulfähigkeit und die gesamte Persönlichkeitsentwicklung lassen sich als übergreifende Ziele nennen:

- emotionale Sicherheit,
- Selbstständigkeit,
- logisches Denken,
- Gemeinschaftsfähigkeit,
- Phantasie, Kreativität und Spielfähigkeit,
- Erlebnisfähigkeit,
- Besitz von Wertvorstellungen.

Ein vielseitiges und umfassendes Angebot an Erfahrungen wird erst durch die Planung des Kindergartenalltags ermöglicht. Dies gilt insbesondere für die gezielte Beschäftigung. Sie darf im Kindergarten nicht zum verschulten Training werden, bei dem es zu einer Überbewertung der Intelligenzförderung kommt, während Spiel und kreative Aktivitäten zu kurz geraten. Weder die Verschulung des Kindergartens, noch der ausschließlich auf Bedürfnisbefriedigung und Selbstbestimmung ausgerichtete Kindergarten werden seinem Bildungs- und Erziehungsauftrag gerecht.

**Bildungs- und Erziehungsauftrag**

Teilen wir den Tagesablauf im Kindergarten auf, so wird in der Vormittagszeit das Freispiel ca. 60 Prozent der Zeit einnehmen, gezielte Beschäftigungen und gelenktes Tun ca. 20 Prozent. Die verbleibende Zeit (ca. 20 Prozent) ist in der Regel dem Frühstück, Händewaschen, Anziehen, gemeinsamen Singen u.a. vorbehalten.

**Wie Kinder lernen**

Wenn also die Erzieherin ihr Vorgehen auch sorgfältig plant, so wird sie die kindliche Spontaneität und Eigeninitiative berücksichtigen. Dabei weiß sie, auf welche Weise Kinder im Kindergartenalter lernen:

Kinder machen sporadische Erfahrungen.

- Das Lernfeld des Kindes ist komplexer Natur.
- Sein Erleben vollzieht sich ganzheitlich, das heißt, kognitive, emotionale, psychomotorische und kreative Kräfte werden zugleich angesprochen.

- Gehen wir von den eben genannten Überlegungen aus, so wird die Erzieherin keinen isolierten Lernstoff mit künstlichem Anfang und Ende vermitteln. Die einzelne Beschäftigung wird sich an den Bedürfnissen der Kinder und an den Rahmenbereichen des Kindergartens orientieren und in ihn eingebettet sein. Die Rahmenbereiche wiederum sind ineinander übergreifende Lernfelder.
- Demnach müsste das Lernangebot für das Kindergartenkind bunt und flexibel sein und ihm helfen, seine Lebensumwelt zu begreifen und Handlungsmöglichkeiten zu entdecken.

**Begriffserklärung „lernen“**

Bevor wir Lernprozesse im Kindergarten in Gang setzen, sollten wir uns zuvor noch einmal die bekanntesten Erklärungen für das Lernen vor Augen führen.

Heute wird im allgemeinen Sprachgebrauch mit dem Begriff „Lernen“ das Aufnehmen, die Entwicklung, Ausbildung und Verbesserung einzelner Verhaltensweisen, Verhaltensmöglichkeiten und Fertigkeiten bezeichnet.

Kenntnisse werden erworben und angewendet. Ein Kind, das zum Beispiel gelernt hat, Rad zu fahren, kann es auch, wenn es dies gerade nicht ausübt. Es verfügt über eine Verhaltensmöglichkeit.

Fast jede veränderte Form der Auseinandersetzung des Individuums mit sich selbst und mit seiner Umwelt wird entweder ganz oder zumindest teilweise durch Lernprozesse erklärt. Durch Lernvorgänge werden Bedürfnisse, Interessen, Vorlieben, Ängste und Abneigungen gesteuert. Lernen führt zu einer „Verhaltensänderung“ beim Individuum.

So gesehen wäre auch die Anleitung zum Lügen oder zum Stehlen die Unterstützung eines Lernprozesses. Die Erzieherin wird natürlich nur Lernprozesse in Gang setzen, bei denen eine Veränderung zum Guten hin erfolgt.

**Wertvorstellungen und Normen**

Was wiederum als „gut“ angesehen wird, hängt von den geltenden Wertvorstellungen und Normen ab, die innerhalb eines Gesellschaftssystems bejaht werden. Hier gibt es viele ethische Richtlinien und Normen von zeitloser Gültigkeit, wie zum Beispiel Ehrlichkeit, Hilfsbereitschaft, Zuverlässigkeit, Aufrichtigkeit und Gewissenhaftigkeit.

# Erklärungen für Lernvorgänge

Die Wissenschaft hat sich sehr intensiv mit dem Lernen und dessen Arten und Typen befasst, ohne dass es eine einheitliche Lerntheorie gibt. Fest steht, dass für die Existenz des Menschen das Lernen von größter Bedeutung ist.

**Konzeptionen des Lernens**

Das Lernen selbst ist ein nicht beobachtbarer Vorgang, sondern nur erschließbar, das heißt, die Erzieherin beobachtet unter bestimmten Bedingungen, zum Beispiel bei einer gezielten Beschäftigung im Kindergarten bestimmte Verhaltensänderungen und schließt daraus, dass Lernen stattgefunden hat. Für den nicht beobachtbaren Vorgang des Lernens gibt es verschiedene Erklärungen. Als bekannteste Konzeptionen lassen sich nennen:

## ❖ Lernen durch Konditionierung

**Verstärkung**

Die Konditionierung beschreibt einen Lernvorgang, bei dem ein bestimmter Reiz (Eindruck von der Außenwelt) mit einer ganz bestimmten, präzisen, willkürlichen Reaktion verknüpft wird. Beispiel: Rotes Licht an der Fußgängerampel (optischer Reiz) → stehen bleiben (Reaktion).

Ist die Reaktion erfolgreich, führt sie zu einer Verstärkung (Bekräftigung/Belohnung), die dazu beiträgt, dass die Verknüpfung lange beibehalten wird.

**Reiz-Reaktionsverbindung**

Die Verstärkung soll dem Erlernen stets unmittelbar folgen; durch Wiederholung wird die Reiz-Reaktions-Verbindung gefestigt.

Sicherlich ist Ihnen noch das „Beispiel mit der Herdplatte“ bekannt. Ein Kind fasst eine heiße Herdplatte an und verbrennt sich. Es entsteht eine starke Verbindung von Herdplatte (= Reiz) und Schmerz (= Reaktion), die künftig beim Kind erhöhte Aufmerksamkeit auslöst, sobald es eine Herdplatte anfassen will. Es hat durch die räumlich-zeitliche Nähe von Reiz und Reaktion gelernt, dass es sich an einer heißen Herdplatte verbrennen kann und sich vorsichtig verhalten muss. In Zukunft wird das Kind in bestimmten Situationen schneller und sicherer die richtige „Reaktion“ auf den entsprechenden „Reiz“ zeigen. Das Lernen durch Konditionierung findet vorwiegend in der frühen Kindheit statt.

## ❖ Modell-Lernen

Beim Modell- beziehungsweise Imitationslernen wird davon ausgegangen, dass zahlreiche Verhaltensweisen durch die Beobachtung von Personen (= Modelle, z.B. Eltern, Erzieherin, Vorbilder) und durch die Nachahmung ihres Verhaltens (= Imitation) neue Verhaltensweisen erworben werden.

**Erwerb neuer Verhaltensweisen durch Nachahmung**

Ob ein Mensch Verhaltensweisen von einem anderen übernimmt, ist abhängig von der positiven emotionalen Beziehung, die der Beobachter (z.B. Kind) zum Modell (z.B. Erzieherin) hat. Natürlich kann auch negatives Modellverhalten (z.B. ein sich im Straßenverkehr falsch verhaltender Vater) nachgeahmt werden, wenn das Verhalten des Modells als erfolgreich wahrgenommen wird.

Imitation (= Nachahmung) ist demnach die willentliche oder unwillentliche Formung des Verhaltens eines Individuums nach einem anderen. Nachahmung ist eine wichtige Form des sozialen Lernens, wobei das Vorbild ähnliche Verhalten durch direkte Bekräftigung belohnt wird. Das Kind lernt durch Nachahmen und baut somit mehrere Handlungsstrategien auf, die der Lösung eines Problems dienen.

## ❖ Lernen durch Versuch und Irrtum

Sehr oft geschieht Lernen durch Probieren, durch Versuch und Irrtum; hat der Lernende mit einer bestimmten Verhaltensweise Erfolg, so wird diese Verhaltensweise „verstärkt", während erfolglose Verhaltensweisen „gelöscht" werden.

**„verstärken" und „löschen"**

Ein Kleinkind spielt mit einer Würfelpyramide. Es versucht, die verschieden großen Würfel aufeinander zu stapeln, wobei es feststellt, dass es nur durch eine bestimmte Anordnung der Würfel seinem gewünschten Ziel näher kommt. Es probiert, unterlässt erfolgloses und behält erfolgreiches Verhalten bei. Das „Versuch-Irrtum-Vorgehen" führt zur Einsicht.

**„Versuch-Irrtum-Vorgehen"**

## ❖ Lernen durch Einsicht

Durch unmittelbares Erfassen von Bedeutungen und Sinnzusammenhängen gewinnt das Kind Einsichten, zum Beispiel wenn es erkennt, dass eine feste Unterlage die Stabilität eines Turmes erhöht.

Wir können von Lernen durch Einsicht sprechen, wenn die Verhaltensänderung durch (spontanes) Erkennen der Aufgabenstruktur zustande kommt und die Übertragungsleistungen verbessert werden. Beispiel: Ein Kind sieht geometrische Formen und erkennt diese in der Umwelt (z.B. im Straßenverkehr) wieder.

Einsichtig Gelerntes kann leichter auf andere Situationen übertragen und dadurch besser für das Lösen von Problemen verwendet werden, als das durch Versuch und Irrtum Gelernte.

# Lernprozesse in Gang setzen

Als wichtigste Ziele pädagogischer Arbeit überhaupt lassen sich Selbstständigkeit und Mündigkeit nennen. Diese Ziele werden sowohl im Kindergarten, im schulischen wie im außerschulischen Bereich angestrebt.

Um gezielt Lernhilfen geben zu können, muss sich die Erzieherin mit dem Phänomen des Lernens auseinandersetzen. Dabei kann sie auch in der sozialpädagogischen Arbeit nicht auf Methoden schulischen Lernens verzichten; insbesondere dann nicht, wenn sie in Bereichen wie im Kindergarten schulvorbereitend tätig wird.

Wenn das Lernen erfolgreich verlaufen soll, muss die Erzieherin ihren zu vermittelnden Lernstoff curricular aufbereiten.

## Curriculum

**Definition**

Der aus dem Lateinischen stammende Begriff Curriculum bedeutet soviel wie „Ablauf“ oder „Zeitabschnitt“. Im weitesten Sinn ist das Curriculum ein System von Anregungen, um Lernvorgänge zu stimulieren, zu steuern und zu überprüfen; das heißt, es will Hilfe sein für die Planung, den Ablauf und die Kontrolle von Lern- und Erziehungsprozessen.

**Worüber gibt das Curriculum Auskunft?**

Das Curriculum soll Antwort auf folgende Fragen geben:

1. Welche Kenntnisse, Fähigkeiten, Fertigkeiten, Einstellungen und Verhaltensweisen soll der Lernende erwerben?
2. Mit welchen Gegenständen und Inhalten soll er konfrontiert werden?
3. Was soll er lernen?
4. Wann und wo soll er lernen?
5. In welchen Lernschritten, in welcher Weise und anhand welcher Medien (Materialien) soll er lernen?
6. Wie soll das Erreichen der Lernziele festgestellt werden?

Ein Curriculum zeichnet sich dadurch aus, dass

- Lernziele begründet ausgewählt werden,
- Lernziele konkret formuliert werden,
- eine begründete Verbindung zwischen Lernzielen und Lerninhalten hergestellt wird,
- Lernprozesse bewertet werden.

Demnach erfolgt das Lernen nicht zufällig, sondern zielgerichtet und geplant.

Durch das Curriculum wird die Erzieherin gezwungen, ihre Lernangebote zielgerichtet zu überdenken, vorzubereiten und darzustellen.

Auch wenn wir uns zum Beispiel in der Kindergartenpädagogik längst vom starren „Curriculum-Denken" entfernt haben, sind wir doch auf konkrete, durchdachte Zielformulierungen angewiesen. Durch fehlende Konzeptionen, durch unkontrollierte Anforderungen werden Kinder und Jugendliche überfordert und verunsichert; durch eine gezielte Anleitung gewinnen sie zunehmend an Orientierung und Sicherheit.

## Didaktik und Methodik

**Begriffsklärung**

Der Begriff Curriculum wird heute dem Begriff Didaktik gleichgesetzt und gilt als Bezeichnung für die Planung und Analyse von Unterricht. Im weiteren Sinne beschreibt der Begriff alle oder einige Fragen im Bereich der Ziele und Inhalte, der Organisationsformen beziehungsweise Methoden und Medien des Lehrens und Lernens.

Seit etwa 1975 wird zwischen Ziel- und Inhaltsproblemen und den Methodenfragen unterschieden; das heißt, die Didaktik ist die Theorie der Bildungsziele und -inhalte, während die Methodik die Theorie der Vermittlung ist. Die Methodik beschäftigt sich mit der Erforschung systematischer Einwirkungen auf Lernprozesse. Darüber hinaus versucht sie, pädagogische Verfahren und Medien beziehungsweise Lehr- und Lernmittel optimal in der Bildungs- und Erziehungsarbeit einzusetzen. Die Methodik beschäftigt sich also mit dem „Wie" und dem „Womit". Methoden (von „methodos" – der Weg) sind planmäßige Vorgehensweisen zur Erreichung eines bestimmten Ziels. Sie sollen dem Lernenden erfolgreiches Lernen ermöglichen. Die Erzieherin bedient sich verschiedener Methoden; sie sind die Gesamtheit dessen, was sie macht, damit Kinder und Jugendliche lernen.

**Wovon ist die Wirksamkeit der Methoden abhängig?**

Neben der Abhängigkeit von curricularen beziehungsweise didaktischen Vorentscheidungen ist die Wirksamkeit aller Methoden abhängig

- von der außerinstitutionellen Wirklichkeit, in der die Kinder aufwachsen und beeinflusst werden (z.B. Elternhaus),
- von der Erziehungswirklichkeit, innerhalb derer eine pädagogische Methode praktiziert wird,
- von der Atmosphäre und dem Erziehungsstil in einer Gruppe,
- vom pädagogischen Bezug zwischen Erzieher und Kindern beziehungsweise Jugendlichen,
- von der Überzeugungskraft der Erzieherin, die letztlich entscheidend die Motivation der Kinder mit beeinflusst.

Die Erzieherin weiß:

**DIDAKTIK**

im weiteren Sinne Wissenschaft vom Lehren und Lernen in allen Formen. Die Didaktik hat immer den ganzen Prozess im Auge (Analyse, Ziele, Inhalte, Verfahren, Handeln und Reflexion).

**DIDAKTIK**

im engeren Sinne Wissenschaft von den Zielen und Inhalten des Unterrichts. Sie befasst sich mit den Fragen „Wozu?" und „Wofür?" und erklärt die Frage nach dem „Was?".

**METHODIK**

ist die Wissenschaft von den angemessenen Unterrichts- und Vermittlungsverfahren und effektiven Medien (Lehr- und Lernmitteln). Sie befasst sich mit den Fragen „Wie?" und „Womit?". Die Methodik stelle auch Instrumente bereit, um zu prüfen, ob gelernt wurde.

# Erzieherverhalten, Erziehungsstil und Motivation

Unter Erzieherverhalten verstehen wir einen Sammelbegriff zur Gesamtheit der Verhaltensäußerungen der Erzieherin im sozialpädagogischen Erziehungsfeld. Es ist bedingt durch ein vielschichtiges Beziehungsgeflecht, durch ihre Persönlichkeit und durch das Interaktionsgeschehen in der Gruppe und mit einzelnen Personen. Verhalten äußert sich in Wechselbeziehungen (Erzieher – Kind) zueinander.

Das Erzieherverhalten ist ein entscheidender Faktor, durch den sowohl das Verhalten und Erleben der Kinder als auch ihre Haltungen und Einstellungen pädagogisch beeinflusst werden. Der Erfolg und die Effektivität der Lernarbeit werden so in besonderer Weise bestimmt. Der Erziehungsstil wirkt sich unmittelbar und langfristig auf die Motivationshaltung der Lernenden aus.

**Erziehungsstil**

Beim demokratisch-kooperativen (bzw. sozial-integrativen) Erziehungsstil sieht die Erzieherin das Kind als Partner. Sie macht es mit Wertvorstellungen, Normen und Regeln vertraut, die es für sein Hineinwachsen in die Gesellschaft benötigt. Die Erzieherin achtet darauf, dass sich der Wille des Kindes entwickeln kann, damit es später zu einem mündigen und selbstständig handelnden Erwachsenen werden kann. Das Kind darf seinen Willen zwar nicht immer durchsetzen, der Wille darf aber auch nicht unterdrückt werden.

**Kinder lernen personengebunden**

Kinder im Vorschulalter lernen stark personengebunden. Der demokratisch-kooperative Erziehungsstil wird der Motivationshaltung der Kinder in besonderer Weise gerecht. Partnerschaftliche Erziehung bedeutet für die Erzieherin:

- beim Entwicklungsstand, den Bedürfnissen und Erwartungen der Lernenden ansetzen,
- Voraussetzungen für offene Gespräche schaffen,
- wechselseitige Gespräche fördern,
- Raum für Eigeninitiative, Kreativität und Mitverantwortung geben,
- eigene Absichten, Ziele und eigenes Handeln durchschaubar machen,
- sich immer wieder auf neue Menschen einstellen können, beweglich sein, situativ handeln,
- Anreger, Impulsgeber, Befähiger und Beobachter sein,
- sich auch zurückziehen können.

Welche Bedeutung hat nun die Motivation (= Antrieb, Bedürfnis, Spannung) für den Lernprozess?

Während wir bei Kleinkindern in der Regel eine relativ große Lernbereitschaft vorfinden, wird es beim Jugendlichen und Erwachsenen zunehmend schwieriger, ihre Lernmotivation zu finden oder zu verstärken.

**Wovon hängt die Lernbereitschaft ab?**

Die Lernbereitschaft des Lernenden hängt von mehreren Faktoren ab; im Wesentlichen

- vom Erzieher,
- vom Material,
- von der Umwelt, in der gelernt werden soll (Raumangebot/Atmosphäre),
- der Spontaneität, Experimentierfreude, Neugier und Lebendigkeit der Lernenden.

Da die allgemeine Lernbereitschaft nicht ausreicht, müssen Lernvorgänge gezielt aktiviert und verstärkt werden. Durch das Erzeugen von Spannung, zum Beispiel durch einen interessanten Einstieg bei einer Beschäftigung, wird zur Lernmotivation hingeführt.

**Wie werden Lernvorgänge aktiviert?**

Der Lernvorgang wird aktiviert, indem die Erzieherin

- von gemachten Erfahrungen und Kenntnissen der Lernenden ausgeht,

- auf Bekanntes zurückgreift,
- anschaulich spricht und demonstriert,
- zum Gespräch anregt,
- Themen aktualisiert,
- erbrachte Leistungen verstärkt.

**Neugierverhalten**

Motivieren Sie die Kinder, in dem Sie sich ihre Neugier und Fragehaltung zunutze machen! Das Neugierverhalten des Kindes ist ein schon sehr früh erkennbares Streben, sich Informationen über die Umwelt zu verschaffen. In der Entwicklungspsychologie wird es allgemein als Ausdruck eines angeborenen Bedürfnisses betrachtet. Bereits das Neugeborene reagiert auf Reize wie Licht oder Geräusche und zeigt somit Zuwendung. Später sucht das Kind spontan Kontakt mit den ihm bereits vertrauten Personen und Gegenständen, um schließlich ein gerichtetes Interesse am Neuen zu zeigen, indem es zum Beispiel im Spiel und in der Beschäftigung experimentiert und probiert. Es zeigt Neugier.

Um eine autonome Persönlichkeit zu werden, ist das Streben nach Erkenntnis, die Wissbegierde des Kindes, eine elementare Voraussetzung. Versuchen Sie als Erzieherin stets, die kindliche Neugier, Erwartung und Faszination zu fördern und zu erhalten.

# Förderung der Ich-, Sozial- und Sachkompetenz

Bildung und Erziehung, Lernen und Verhaltensänderung sind eng miteinander verbunden.

Die Erzieherin fördert die Bildungsfortschritte ihrer Kinder nachhaltig, indem sie deren unterschiedliche, alters- und entwicklungsbedingte Bedürfnisse, Interessen und Neugier berücksichtigt und immer wieder zu neuen Themen, Aufgaben und Fragestellungen anregt. So unterstützt sie die Kinder, ihre Welt zunehmend differenzierter wahrzunehmen und zu begreifen, damit sie als eigenständige und gemeinschaftsfähige Persönlichkeiten am Leben autonom, solidarisch und kompetent teilnehmen können.

Um diesem Bildungs- und Erziehungsanspruch gerecht zu werden, lassen sich im Kindergarten drei Kompetenzbereiche unterscheiden:

**Kompetenzbereiche**

- Ich-Kompetenz
- Sozialkompetenz
- Sachkompetenz

Für das Kind selbst, das stets ganzheitlich entdeckt, lernt und handelt, spielt diese Unterteilung keine Rolle, zumal Kompetenzen nicht isoliert voneinander erworben werden, sondern sich stets gegenseitig bedingen und miteinander vernetzt sind.

**Kinder gezielt unterstützen**

Die Aufteilung in drei Kompetenzbereiche soll es Ihnen als pädagogischer Fachkraft erleichtern, Kinder im Lern- und Bildungsprozess besser zu verstehen und gezielt zu unterstützen.

## Ich-Kompetenz

**Schlüsselqualifikationen**

Unter Ich-Kompetenz, auch Selbst- oder Personalkompetenz genannt, verstehen wir Schlüsselqualifikationen im Umgang mit sich selbst und die Fähigkeit zu selbstständigem Fühlen, Denken und Handeln.

Ich-Kompetenz entwickelt sich, wenn sich Kinder angenommen fühlen, wenn sie die Erfahrung machen, dass Bezugspersonen feinfühlig, liebe- und verständnisvoll mit ihnen umgehen. Und wenn sie an Entscheidungen angemessen beteiligt und weder über-, noch unterfordert werden.

Die Ich-Kompetenz erweitert sich durch die Zunahme von Sozial- und Sachkompetenz, wobei Sozial- und Sachkompetenz zugleich Ich-Kompetenz voraussetzen.

**Resilienz**

Wie kann die Erzieherin die Entwicklung von Ich-Kompetenz und damit auch die psychische Widerstandskraft (Resilienz) des Kindes stärken?

Sie hilft dem Kind, indem sie es unterstützt,

- sich durch gelungene Interaktionen als liebenswert zu erfahren;
- durch Bekräftigung und Anerkennung ein positives Selbstbild zu erfahren;
- eigene Gefühle wahrzunehmen und sich in andere Menschen einzufühlen;
- etwas selbst bewirken zu können;
- neugierig und für Neues offen zu sein;
- sich mit Freude beim Erreichen eines Ziels anzustrengen und sich als kompetent zu erfahren;
- über Zusammenhänge nachzudenken und unter verschiedenen Möglichkeiten zu wählen (Denk- und Entscheidungsfähigkeit).

# Sozialkompetenz

Die Sozialkompetenz beschreibt die Fähigkeit, eigene Bedürfnisse und die Bedürfnisse anderer wahrzunehmen und miteinander in Beziehung zu setzen. Sozialkompetenz ist auch die Fähigkeit, an Entscheidungen mitzuwirken (Partizipation) und Verantwortung zu übernehmen.

**Partizipation**

Sozialkompetenz entwickelt sich nur im Zusammenleben mit anderen, also in der Gemeinschaft. Um daran teilzuhaben, sind auch emotionale und soziale Intelligenz gefordert, also eigene Gefühle als auch fremde Gefühle wahrzunehmen, zu verstehen und zu beeinflussen, sowie die Fähigkeit, sich ihnen gegenüber situationsangemessen und überlegt zu verhalten. Für Kinder stellen sich Fragen wie: Wie fühle ich und wie fühlen die anderen? Was will ich und was wollen die anderen? Wofür bin ich, wofür sind die anderen verantwortlich? Wie können wir unser Zusammensein gestalten? Wie können wir Probleme und Konflikte lösen?

Im gemeinsamen Spiel, bei Aufgaben, Aktivitäten, Projekten und im alltäglichen Zusammensein lernen die Kinder, mit anderen zu kooperieren, sich gegenseitig zu helfen, sich in andere einzufühlen und Verantwortung im Rahmen ihrer Möglichkeiten zu übernehmen.

**Sozialkompetenz beim Kind fördern**

Wie kann die Erzieherin die Entwicklung von Sozialkompetenz beim Kind fördern?

Sie hilft dem Kind, indem sie es unterstützt,

- eigene Wünsche und Interessen zu artikulieren und anderen zuzuhören (Kommunikationsfähigkeit);
- sich in andere Menschen einzufühlen (Empathie);
- mit anderen zusammen zu spielen, zu lernen und zu arbeiten (Kooperationsfähigkeit);
- Kritik zu üben und auszuhalten, Differenzen und Konflikte auszuhalten und zu lösen (Kritikfähigkeit, Toleranz und Konfliktfähigkeit);
- sich für andere einzusetzen, anderen zu helfen und sich selbst helfen zu lassen;
- Beziehungen zu anderen aufzunehmen und Freundschaften einzugehen;
- Verantwortung zu übernehmen;

– sich an Regeln zu halten und selbst Regeln aufzustellen (Regelverständnis).

## Sachkompetenz

**Wissen, Kenntnisse, Fähigkeiten und Fertigkeiten**

Unter Sachkompetenz fassen wir das Wissen, die Kenntnisse, Fähigkeiten und Fertigkeiten von Kindern zusammen. Dazu gehört neben motorischen, kognitiven und kreativen Fertigkeiten ganz besonders die Fähigkeit, die Sprache zu beherrschen. Die in diesem Buch aufgeführten anwendungsbezogenen Lernbereiche bieten der Erzieherin zahlreiche Anregungen zur Erweiterung der Sachkompetenz der Kinder durch gezielte Einzelaktivitäten und Projektangebote.

**Wer-wie-was-Fragen**

Kinder entdecken ihre Welt durch Beobachten und Fragen. Drei- bis sechsjährige Kinder beschäftigen sich ausgiebig mit Wer-wie-was-wieso-weshalb-warum-Fragen, die Anlass für Spiele, Entdeckungen, Experimente und kreative Tätigkeiten sein können. Die Reflexion der Kinder darüber, was sie dabei bewirkt, verändert, erkannt und gelernt haben, macht ihnen bewusst, ihre erworbene Sachkompetenz anschließend gezielt zu nutzen.

**Wie kann die Erzieherin fördern?**

Wie kann die Erzieherin die Entwicklung von Sachkompetenz beim Kind fördern?

Sie hilft dem Kind, indem sie es unterstützt,

– die deutsche Sprache zu beherrschen und gegebenenfalls andere Sprachen kennen zu lernen (Sprache, Denken und soziales Verhalten gehören zusammen);
– sich mit neuen, verschiedenen Sachthemen auseinanderzusetzen (Wissenserweiterung);
– zu beobachten, Fragen zu stellen und nach Antworten zu suchen (Forschergeist);
– sich selbstständig Sachwissen anzueignen, zu überprüfen und anzuwenden;
– gezielt Hilfsmittel und Materialien zu nutzen;
– das eigene Wissen auch anderen mitzuteilen, sich auszutauschen (Reflexions- und Kommunikationsfähigkeit.

Dass Erzieherinnen und Erzieher selbst aufgrund ihres Alters, ihrer Persönlichkeit, Ausbildung, Qualifikation und Berufserfahrung über ausgeprägte Ich-, Sozial- und Sachkompetenzen verfügen, müssen wir an dieser Stelle wohl nicht weiter vertiefen.

**Kompetenzen der Fachkraft**

Die Kompetenzen einer sozialpädagogischen Fachkraft gehen über die drei behandelten Kompetenzbereiche weit hinaus. Professionelle Erzieher benötigen Kernkompetenzen, Methoden- und Handlungskompetenzen, Medienkompetenz, Personalkompetenz, Leitungskompetenz und interkulturelle Kompetenzen, die zum Teil in der Ausbildung aber auch erst danach in der täglichen Arbeit erworben werden.

# Planungsgrundsätze im Kindergarten

Die Planung des Kindergartenalltags durch die Erzieherin ermöglicht den Kindern vielseitige und umfassende Lernerfahrungen. Da Planung auch immer Vorausschau bedeutet, können so einzelne Lernschritte und Lernsequenzen in eine sinnvolle, für das Kind durchschaubare Reihenfolge gebracht werden. Die thematischen Schwerpunkte und übergreifenden Erlebnis- beziehungsweise Lernfelder sollten sich am Lebensumfeld und an Situationen im Tagesablauf der Kinder orientieren. Jede umsichtige Erzieherin weiß, dass aktuelle Anlässe (wie z.B. Handwerker im Haus oder eine Baustelle vor dem Kindergarten) bei Kindern aktuelles Interesse auslösen können. Diese Motivation lässt sich gut nutzen, um Kinderfragen zu erörtern, gemeinsam zu spielen oder zu gestalten.

**„geschlossene" und „offene" Planung**

Im Wesentlichen unterscheiden wir in der Elementarerziehung zwischen „geschlossener" und „offener" Planung. Die geschlossene Planung strukturiert das Lernen in klar gegliederte Lernschritte, die von der Erzieherin beobachtet, begleitet und – wo nötig – korrigiert werden.

Die von der Erzieherin ausgewählten Lernbereiche und Angebote orientieren sich dabei am Lebensumfeld, den Bedürfnissen und Interessen der Kinder. Bei der offenen Planung versteht sich die Erzieherin vorrangig als „Unterstützerin" beziehungsweise „Moderatorin" der Ideen der

Kinder, hält sich jedoch eher zurück. Die offene Planung hat mehr den Charakter einer Stoff- oder Ideensammlung.

Grundsätzlich ist festzuhalten, dass auch zur Bearbeitung von Situationen eine Planung erforderlich ist. Um Ziele zu erreichen, Erfolge zu haben, muss man lernen, wie vorzugehen ist. Dies gilt sowohl für die Erzieherin, wie für die ihr anvertrauten Kinder. Im Interesse der Kinder ist es weder sinnvoll, nur situativ vorzugehen, nur Freispiel anzubieten oder nur Beschäftigungen als falsch verstandene Angebotspädagogik zu praktizieren. Es wird immer Situationen geben, in denen das Lernen und Handeln stärker von der Erzieherin bestimmt werden und es wird Tage geben, an denen die Kinder den Verlauf stärker bestimmen. Individuelle Entwicklungsdefizite, familiäre und umfeldbedingte Probleme von Kindern können beim situationsorientierten Vorgehen nur sehr unzureichend aufgefangen und bearbeitet werden. Hier greift dann wieder besonders erfolgreich ein abgestimmtes, geplantes Vorgehen, wie es der funktionsorientierte Ansatz mit seiner strukturierten Planung anbietet.

**Wie ist vorzugehen?**

Bei der Auswahl von Lernfeldern im Kindergarten sollten Sie einige Grundsätze berücksichtigen. Ohne Anspruch auf Vollständigkeit gehören hierzu:

## ❖ Autonome Persönlichkeit

Durch praktische Tätigkeiten, kreative und musische Fähigkeiten und durch den angstfreien Umgang mit Personen und Sachen werden die Selbstständigkeit und Unabhängigkeit der Kinder gefördert. Bieten Sie deshalb den Kindern hinreichend Möglichkeiten, den Umgang mit Materialien, Geräten und Werkzeugen auszuprobieren. Bieten Sie Kindern Anlässe, sich frei zu äußern und frei zu entscheiden. So helfen Sie dem Kind unabhängiger und selbstsicherer zu werden.

**Anlässe bieten**

## ❖ Lebenssituationen

Um Kinder lebensnah ansprechen zu können, sollten sich die Lerninhalte am Lebensbereich der Kinder orientieren. Dafür muss die Erzieherin sich mit der individuellen Situation „ihrer" Kinder auseinandersetzen (siehe Prinzip „Lebensnähe" im nächsten Kapitel).

## ❖ Umweltkenntnisse erweitern

**intensives Entdecken**

Die Umwelt ist ein geradezu unerschöpfliches Thema. Alle Erkenntnisse, die eine Bereicherung der Umwelterfahrungen darstellen, sind besonders geeignete Lernfelder für den Kindergarten. Die Erzieherin hilft ihrer Kindergruppe beim intensiven Entdecken und Erleben der unmittelbaren und erweiterten Umwelt.

## ❖ Kommunikation

Alle Angebote und Situationen, die die Kommunikation der Kinder untereinander und mit anderen Personen ihrer Umwelt fördern, erleichtern die Kontaktaufnahme der Kinder und ermöglichen die Gewöhnung an Normen, Werte und Spielregeln des Miteinanders im Alltag.

## ❖ Defizite ausgleichen

**Reize bieten**

Als Erzieherin haben Sie die Möglichkeit, Kindern zu einer differenzierten Wahrnehmung zu verhelfen, indem Sie ihnen Reize und Möglichkeiten zum selbstständigen Sammeln von Erfahrungen bieten. Kinder, die Defizite in der Sinneswahrnehmung, Motorik, im kognitiven, sprachlichen oder musisch-kreativen Bereich haben, müssen Angebote zur Kompensation bestimmter Defizite und Mängel erhalten.

## ❖ Aktuelle Anlässe und Situationen

Situationen, das heißt aktuelle, gerade geschehende Ereignisse („Gelegenheitsangebote“ wie die Baustelle vor dem Kindergarten) können ein guter Anlass sein, der für Lernerfahrungen genutzt werden sollte.

## ❖ Spontanes Interesse

Wenden sich Kinder spontan einem Ereignis oder besonderen Vorfall zu, so können auch diese Erlebnisse für die Kinder zur Erweiterung ihres Erfahrungs- und Wissensbereiches genutzt werden.

## ❖ Leben und Lernen als Einheit

Leben und Lernen sind eine Einheit. Die Erzieherin unterstützt die Kinder beim Erleben, Spielen und Lernen. Sie hält sich, wo es angebracht ist, zurück und fördert die Kinder dort, wo sie Hilfen, Anregung und Orientierung benötigen.

Die genannten Planungsgrundsätze sind eine entscheidende Hilfe, bei den Kindern „Basiskompetenzen“ beziehungsweise „Schlüsselqualifikationen“ zu fördern, die für Erfolge und Zufriedenheit im Leben von maßgeblicher Bedeutung sind. Zu diesen Kompetenzen gehören Selbstwertgefühl, Selbstbewusstsein, Autonomie- und Kompetenzerleben ebenso wie Widerstandsfähigkeit (Resilienz), Sinnhaftigkeit und Freude am Leben (Kohärenzgefühl). Auch motivationale und kognitive Kompetenzen wie Neugier, Aufgeschlossenheit, differenzierte Wahrnehmung, Denk- und Problemlösungsfähigkeit, Gedächtnis und Kreativität sind lebensnotwendige Qualifikationen. Physische Kompetenzen erwirbt das Kind, wenn es genügend Gelegenheiten zur körperlichen Betätigung erhält und die Verantwortung für den eigenen Körper erkennt. Jeden Tag bietet der Kindergarten viele Anlässe und Möglichkeiten, soziale Kompetenzen im Miteinander zu verfestigen: Die Kinder lernen, sich in andere Personen hineinzuversetzen (Empathie), nehmen verschiedene Rollen ein, kommunizieren, kooperieren, tragen Konflikte aus und suchen nach Problemlösungsalternativen.

**„Basiskompetenzen“ und „Schlüsselqualifikationen“**

# Prinzipien zur Stützung von Lernvorgängen

Um Lernvorgänge erfolgreich beeinflussen und stützen zu können, muss der Erzieher die für das Lernen wichtigsten Grundsätze – allgemein Lernprinzipien genannt – im Kindergarten kennen.

## Anschauung

In der Pädagogik gilt die unumstößliche Gewissheit: „Anschauung ist das Prinzip aller Erkenntnis“. Die Anschaulichkeit der Umwelt und die Sprache des Erziehers sind eine entscheidende Hilfe für die Entwicklung der Intelligenz des Kindes.

**Konkretheit und Reichtum an Beispielen**

Die wichtigsten Kennzeichen der Anschaulichkeit sind die Konkretheit und ein Reichtum an Beispielen und Bildern. Das methodisch-didaktische Problem liegt darin, das Kind vom Anschauen zum Denken zu führen und ihm immer neu das Spannungsverhältnis von Anschaulichkeit und Abstraktheit, von Einmaligkeit und Allgemeingültigkeit bewusst zu machen.

Auf allen Ebenen der Veranschaulichung können Sie die Freude am Lernen steigern. Der Besuch der Feuerwehr wird einprägsamer sein als der „Erzieher-Vortrag" über dieses Thema. Auch Medien sind eine gute Möglichkeit, die Lernfreude zu steigern. Das spannende Bilderbuch, das gelungene Experiment, die Besichtigung einer Backstube oder einer Polizeiwache, das gute Dia oder das selbst hergestellte Schaubild sind besondere Mittel der Veranschaulichung.

## Aktivität

**Praktisches Tun**

Durch praktisches Tun, Spielen, Experimentieren, Ausprobieren, Beobachten und Vergleichen wird das Kind zur Unabhängigkeit, Selbstbestätigung und Entscheidungsfähigkeit geführt. Das Aktivitätsprinzip versteht sich als „Lernen durch Handeln" (learning by doing).

Die Aktivität wird zum Beispiel gefördert durch das Neugier- und Frageverhalten des Kindes selbst, durch den Erwachsenen (Erzieherin) als Gesprächspartner und durch ausgewählte Lernangebote und Materialien, die es dem Kind ermöglichen, spontane Ideen zu äußern und Gestaltungsversuche vorzunehmen; sie führen zur (vertieften) geistigen Auseinandersetzung mit einem Thema.

## Übung

Lernen heißt üben. Es ist das willentliche Wiederholen geistiger und körperlicher Tätigkeiten, um sie zu erlernen. Um erfolgreich üben und somit lernen zu können, werden Gesamtvorgänge in einzelne Lernschritte aufgegliedert.

**Vormachen, Wiederholen, Selbermachen**

Durch Vormachen (durch die Erzieherin) über das Wiederholen bis zum Selbermachen (durch das Kind selbst) werden die einzelnen Schritte geübt. Die Erzieherin gibt Hilfestellung durch eventuelle Korrekturen.

Eine kindliche Betätigungsform ist das Einüben, Ausüben und Wiederholen. Das Ziel der Übung ist die Festigung von Fähigkeiten und Fertigkeiten. Im Kindergarten wird beim Übungsprinzip stets „vom Leichten zum Schweren" geführt.

## Teilschritte

Am ehesten stellt sich für den Lernenden ein Erfolg ein, wenn in überschaubaren Lernschritten gelernt wird. Es empfiehlt sich daher, den Lernstoff in kleine Schritte aufzuteilen, damit für den Lernenden Erfolgserlebnisse sofort nach dem Einprägen erreichbar sind.

**Lernstoff in kleine Schritte aufteilen**

Das Binden einer Schleife zum Beispiel lässt sich in sechs Schritten darstellen: (1) überkreuzen, (2) binden, (3) festziehen, (4) Schlaufe legen, (5) Schlaufe herumbinden, (6) festbinden.

Unterteilen Sie einmal für sich das Backen eines Kuchens, das Basteln eines Kastanienmännchens oder die Handhabung eines elektrischen Rührgerätes in einzelne Lernschritte. Wie viele Teilschritte ergeben sich? Wie gehen Sie bei der Vermittlung der Lerninhalte vor?

## Variabilität

Damit Kinder die Möglichkeit haben, den Lernverlauf mitzusteuern, sollte die Erzieherin die Themen- und Medienvielfalt ausnutzen. Variierende Wiederholungen und Einübung, Elastizität beim Ansteuern der Ziele und häufiger Medienwechsel fördern die geistige Beweglichkeit und Spontaneität des Lernenden.

## Lebensnähe

Bevor Sie den Kindern in Ihrer Gruppe Tiere vom afrikanischen Kontinent näher bringen, werden Sie sinnvollerweise erst einmal mit ihnen über heimische Tiere, vielleicht sogar über den eigenen Hund oder die eigene Katze sprechen.

**Erfahrungen mit der Umwelt ermöglichen**

Beim Prinzip der Lebensnähe geht es um die Auseinandersetzung mit Inhalten, die dem Kind Erfahrungen mit seiner Umwelt ermöglichen, gleichgültig, um welches Bildungsgut es sich handelt. Im Kindergarten geht die Erzieherin

- vom Einfachen zum Komplizierten,
- vom Nahen zum Fernen,
- vom Bekannten zum Unbekannten.

## Kindgemäßheit

Im Kindergarten bedeutet kindgemäßes Vorgehen auch, dass die Erzieherin ihre Angebote unter Berücksichtigung des Entwicklungsstandes, der Bedürfnisse und der alterstypischen Besonderheiten des Kindes planen muss. Hierbei hat sie auch die Anlagen und den augenblicklichen Zustand des Kindes zu berücksichtigen.

**Ich-, Sozial- und Sachkompetenz**

Das Kind ist eine eigenständige Persönlichkeit, dessen Ich-, Sozial- und Sachkompetenz gestärkt werden soll; das heißt, das Verhältnis des Kindes zu sich selbst, zu anderen Menschen und zu seiner natürlichen, kulturellen und technischen Umwelt lässt sich durch gezielte pädagogische Angebote fördern.

**Wünsche, Neigungen, Interessen und Situation berücksichtigen**

Beim Umgang mit dem Kind sind seine Wünsche, Neigungen und Interessen stets zu berücksichtigen und die Wissensinhalte in kindgemäßer Art anzubieten.

Bringen Sie Ihre Inhalte weder „kindisch“ noch „überhöht“, sondern klar, lebendig und interessant an das Kind heran. Kindgemäßes Lernen bedeutet spielendes Lernen.

## Individualisierung

Bei ihren Lernangeboten wird die Erzieherin berücksichtigen, dass sie es mit Kindern verschiedener sozialer Herkunft und mit unterschiedlicher Entwicklungs- und Lerngeschichte zu tun hat. Versuchen Sie, die Lernenden unter Anerkennung ihrer eigenständigen Persönlichkeit und unter Berücksichtigung ihres individuellen Arbeits- und Lerntempos anzuleiten und zu fördern.

**Individuelles Arbeits- und Lerntempo**

# Lernorganisation

**Welche Bedingungen bestimmen konkrete Lernsituationen?**

Wenn wir von den erläuterten didaktischen Gesichtspunkten ausgehen, so beschreibt die Lernorganisation alle Bedingungen, die jede konkrete Lernsituation bestimmen, nämlich

- die Lernvoraussetzungen; sie sind gegeben
  - (a) durch die Persönlichkeit des Erziehers und dessen Kenntnisse über die Lernbereiche,
  - (b) durch die gruppenspezifischen Voraussetzungen (Alter, Entwicklungsstand und Motivation der Lernenden, Gruppengröße, individuelle Unterschiede, Situation);
- die Lernziele (Qualifikationen, die angestrebt werden sollten),
- die Lerninhalte (Gegenstände, die für das Erreichen der Lernziele Bedeutung haben),
- die Methoden (Lern- bzw. Vermittlungsverfahren, Mittel und Wege, Lernhilfen, um Lernziele zu erreichen),
- die Medien (Hilfen zur Vermittlung und Erreichung lernzielorientierter Inhalte),
- die Lernzielkontrollen (zur Überprüfung, ob und wie die Ziele erreicht wurden).

# 1 Lernvoraussetzungen

## Lernbereiche

Die möglichst dauerhafte Änderung des menschlichen Verhaltens durch Lernen vollzieht sich in Lernbereichen, und zwar

**Übergreifende Lernbereiche**

(a) in vier von der Person ausgehenden übergreifenden Lernbereichen
- kognitiver Bereich
- emotional-affektiver Bereich,
- psycho-motorischer Bereich,
- kreativer Bereich.

} diese Lernbereiche kommen in nahezu allen Lernzielvorstellungen vor

**Rahmenbereiche des Kindergartens**

(b) im Kindergarten in einer Reihe anwendungsbezogener Lernbereiche (Rahmenbereiche),

z.B. Umwelt-, Sach- und Naturbegegnung, Spracherziehung, Sozialerziehung, Musik- und Bewegungserziehung, Ästhetische Erziehung u.a.m.

Die Lernbereiche überschneiden sich sehr oft und gehen ineinander über. Sie werden in „Leitzielen“ konkretisiert und dort über Richtziele, Grobziele bis hin zum überprüfbar formulierten Feinziel untergliedert (siehe „Lernziele“). So lassen sich auch grundsätzlich einzelne Lernziele mehreren Lernbereichen zuordnen.
Die Bewegungserziehung und die Sozialerziehung im Kindergarten z.B. sind eng miteinander verbunden. Das Kind erwirbt motorische Grundfertigkeiten, lernt sie zu beherrschen und gelangt zu seiner Bewegungssicherheit. Gleichzeitig lernt das Kind hierbei Verhaltensweisen, wie Rücksichtnahme, Selbstbeherrschung, Fairness, Hilfsbereitschaft, partnerschaftliche Haltung und Einordnung in die Gruppe.

**pädagogische Möglichkeiten des Erziehers**

Die Aufteilung in anwendungsbezogene Lernbereiche (Rahmenbereiche) zeigt der Erzieherin, welche pädagogischen Möglichkeiten sie im Kindergarten hat und hilft ihr

- kindliche Aktivitäten unter gleichbleibenden Gesichtspunkten zu beobachten und zu beurteilen,
- Spiel- und Lernabläufe gezielt in Gang zu setzen und zu steuern.

## 1. Von der Person ausgehende übergreifende Lernbereiche

| kognitive Bereich | emotional-affektiver Bereich | psycho-motorischer Bereich | kreativer Bereich |
|---|---|---|---|
| kognitive Bereich<br>(Kenntnis- und Erkenntnisbereich)<br>geistiger Bereich<br>Kennzeichen:<br>Änderungen im Bereich des Wissens, Verstehens, Einsehens, Denkens, Vergleichens, Wahrnehmens, Behaltens<br>– Begriffsbildung<br>– Zusammenhänge erkennen<br>– Wahrnehmungsfähigkeit (aufnehmen, genau hinsehen u. zuhören können)<br>– Merkfähigkeit (Kenntnisse erwerben, das Gedächtnis trainieren)<br>– Urteilsfähigkeit (unterscheiden können, sachliche Kritik entwickeln)<br>– Angemessener Sprachgebrauch (sich mitteilen können, sich beim Sprechen auf den Partner einstellen können) | emotional-affektiver Bereich<br>(gefühlsmäßiger/seelischer Bereich/ Gemütsstimmung)<br>Kennzeichen:<br>Bereich der Einstellungen, Gefühle, Haltungen, Wertungen, Überzeugungen<br>– Erlebnisfähigkeit<br>– Bereitschaft, sich nach Regeln zu richten<br>– Bereitschaft, Aufnahme und Pflege mitmenschlicher Beziehungen<br>– Toleranz<br>– Bereitschaft, sich zu freuen | psycho-motorischer Bereich<br>(Seele und Bewegung/körperlicher Bereich)<br>Kennzeichen:<br>– Befähigung zu praktischem Handeln (manuelle Fertigkeiten erwerben)<br>– Körperbeherrschung (Fein- und Grobmotorik, körperliches Können entwickeln)<br>– Physische Belastbarkeit<br>– Verantwortlichkeit für den eigenen Körper | kreativer Bereich<br>(schöpferischer Bereich)<br>Kennzeichen:<br>Vorstellungskraft, Phantasie, Ideen, Einfälle entwickeln<br>– sich im Neuem auseinandersetzen<br>– geistige Beweglichkeit<br>– Spielenlassen der Phantasie<br>– Originelle Ideen äußern und verwirklichen<br>– Mut zum Experimentieren<br>– ein positives Lebensgefühl entwickeln |
| ↑↓ | ↑↓ | ↑↓ | ↑↓ |
| **2. Anwendungsbezogene Lernbereiche (Rahmenbereiche im Kindergarten)** | | | |
| Mathematische Erziehung (Umgang mit Mengen, Zahlen und Formen)<br>Spracherziehung (Gespräch, Unterhaltung)<br>Umwelt-, Sach- u. Naturbegegnung<br>Sozialerziehung<br>Verkehrserziehung | Spracherziehung (Bilderbuch, Märchen)<br>Musik- u. Bewegungserziehung<br>Sozialerziehung<br>Umwelt-, Sach- u. Naturbegegnung<br>Religiöse Erziehung<br>Verkehrserziehung<br>Fest und Feier | Musik- und Bewegungserziehung<br>Sport<br>Ästehtische Erziehung (z.B. Techniken beim Basteln, Hantieren)<br>Umwelt- u. Sachbegegnung (häusliches Tun)<br>Naturbegegnung<br>Verkehrserziehung | Ästhetische Erziehung (Gestalten, Hantieren, Plastizieren)<br>Spracherziehung (Kinder- u. Jugendliteratur)<br>Musik- und Bewegungserziehung<br>Umwelt-, Sach- und Naturbegegnung<br>Darstellende Spielformen |

Die vier übergreifenden Lernbereiche sich nicht scharf voneinander getrennt zu sehen, sie überschneiden und bedingen sich vielmehr; so entwickeln sich z.B. Überzeugungen aus Kenntnissen und Einsichten.
Die anwendungbezogenen Lernbereiche sollen nicht etwa „lehrplan- oder fächermäßig" verfolgt, sondern in die Lebenssituation der Kinder eingebettet werden.

Dabei muss sich die Erzieherin an den Anlagen und Bedürfnissen der Kinder ebenso orientieren, wie an Normen und Werten unseres Gemeinschaftsgefüges!
Am Ende einer Woche sollte sich die Erzieherin überlegen, welchen Bereich sie vielleicht zu stark/zu wenig angesprochen hat, um für kommende Vorhaben entsprechend disponieren zu können.

## Anwendungsbezogene Lernbereiche im Kindergarten

Die meisten Kindergärten haben ihr eigenes Konzept, nach dem sie ihre pädagogische Arbeit ausrichten.

**Rahmenbereiche des Kindergartens**

Im Wesentlichen lassen sich für die Kindergartenarbeit zum Beispiel folgende anwendungsbezogene Lernbereiche (Rahmenbereiche) beziehungsweise Stoff- und Ideensammlungen als Grundlage für gezielte Beschäftigungen und Projekte nennen:

## Sozialerziehung

Es gilt, dem Kind beim Aufbau einer stabilen Persönlichkeit zu helfen und es zu befähigen, mit Menschen und Menschengruppen seiner Umwelt in Beziehung zu treten. Dabei muss ein Gleichgewicht zwischen sozialer und persönlicher Identität, zwischen den Ansprüchen anderer und denen des eigenen Ich gefunden werden.

**Erziehungsstil der Erzieherin**

Das Kind soll sich im Kindergarten wohl und geborgen fühlen. Entscheidend für die Persönlichkeitsentfaltung und Bildung ist der Erziehungsstil der Erzieherin. Von ihr hängt es ab, wie sich das soziale Selbstverständnis des Kindes entwickelt. Sie wird auf Macht und Überlegenheit verzichten, dafür aber ermutigen und behutsam die Selbstständigkeit und Spontaneität des Kindes lenken.

**Richtziele**

Als Richtziele der Sozialerziehung lassen sich nennen:

- Selbstbewusstsein (Ich-Stärke),
- Kontaktfähigkeit,
- Selbstständigkeit, Handlungsfähigkeit,
- Selbsteinschätzung,
- Kooperationsfähigkeit,
- Verantwortungsbewusstsein,
- Problembewusstsein (mit Konflikten umgehen),
- Toleranz,
- Partnerschaft,
- Liebesfähigkeit,
- Rollenbewusstsein,
- Erkennen und Einhalten von Regeln.

In der Gruppe findet soziales Lernen statt, in dem die genannten Fähigkeiten spielerisch und spielend eingeübt werden. Die gezielte Beschäftigung und das Freispiel gehen dabei Hand in Hand. Die Kinder lernen, die eigenen Bedürfnisse, Wünsche und Gefühle zu äußern und die anderer zu verstehen und zu akzeptieren. Sie erfahren, dass jedes Kind anders ist, dass gemeinsames Spiel Rücksichtnahme erfordert, dass Meinungsunterschiede nicht Feindschaft bedeuten müssen und dass es darauf ankommt, den anderen zu achten und menschlich mit ihm umzugehen.

## Umwelt-, Sach- und Naturbegegnung

Das tägliche Umwelterleben des Kindes bezieht sich auf die Bereiche Familie und Mitmenschen (Haushalt, Nahrung, Hygiene, Krankheit/ Gesundheit), Technik (Geräte, Maschinen, Verkehrsmittel) und Natur (Tier- und Pflanzenwelt, Wetter, Jahreslauf). Angebote im Bereich Umwelt-, Sach- und Naturbegegnung sollen dem Kind helfen, sich in seiner Umwelt besser zurechtzufinden und es befähigen, sich selbst entsprechende Hilfen zu verschaffen.

**Beobachten, Experimentieren**

Im Gespräch, durch Beobachtungen und im experimentellen Spiel sammelt das Kind eigene Erfahrungen. So kann es die Entstehung einer Sache (z.B. Regen oder Elektrizität) erfassen und deren Bedeutung und Eigenart erkennen. Es lernt, bedeutungsvolle Lebenszusammenhänge zu begreifen.

## Spracherziehung

Sprache, Denken und soziales Verhalten stehen in einem engen Zusammenhang. Es gibt nahezu keinen Lebensbereich, in dem auf Sprache verzichtet werden kann. Das Kindergartenalter ist die Idealzeit, um sprechen zu lernen. Besonders in diesem Lebensabschnitt wird schnell und leicht gelernt und in großem Umfang Wissen erworben. Das Kind lernt u.a.:

- Die Sprache ist ein Mittel des Ausdrucks, der Verständigung, der Informationsaufnahme und Weitergabe.
- Beobachtungen und Wahrnehmungen werden beschrieben.
- Das Kind erklärt und deutet Sachverhalte; es äußert Vermutungen und stellt gedankliche Zusammenhänge sprachlich dar.

- Laute werden beim Hören und Sprechen unterschieden.
- Das Kind lernt zuzuhören.
- Die Sprache wird als Medium erfahren (Reime, Lieder, Verse, Geschichten, Bilderbücher, Rollenspiele).

Die Sprachförderung im Kindergarten richtet sich nach der kindlichen Sprachentwicklung. Neben der Erweiterung des sprachlichen Handelns und dem Erwerb neuer Begriffe, lernt das Kind in ganzen Sätzen zu sprechen, sich richtig zu artikulieren und mit der Stimme umzugehen.

**Kindgemäße Literatur**

Dies geschieht insbesondere in der Begegnung mit kindgemäßer Literatur (Reime, Rätsel, Geschichten). Beim Gespräch ist das sprachliche Vorbild des Erziehers natürlich von besonderer Bedeutung.

## Umgang mit Mengen, Zahlen und Formen

Im täglichen Leben lernt das Kind, dass Gegenstände unterschiedlich groß sind, dass sie verschiedene Formen haben und trotz gleicher äußerer Beschaffenheit unterschiedlich schwer sein können.

Mit zunehmendem Alter und differenzierterer Wahrnehmung lernt das Kind auch Mengen zu vergleichen und zu ordnen, richtige Begriffe (auch Zahlen) zu gebrauchen oder Folgen herzustellen, bei denen jeweils das folgende Glied vom vorhergehenden bestimmt wird. Im Spielen mit Mengen, Zahlen und Formen werden das Symbolverständnis und das assoziative Denken (Assoziation = Verknüpfung von Vorstellungen), die Wahrnehmungsschärfe und die Gliederungs- und Merkfähigkeit gefördert.

**Anreize aus der Umwelt**

Um das Denken des Kindes anzuregen, benötigt es Informationen und Anreize aus seiner Umwelt. Bei der Förderung der kognitiven Fähigkeiten des Kindes wird die Erzieherin die dem Kind eigentümliche Denkentwicklung berücksichtigen und ihm Möglichkeiten geben, seine Umwelt selbstständig zu erfahren. Weder Dressur noch „Nürnberger Trichter" sind geeignet, intensive Erfahrungen zu ermöglichen. Gerade beim Umgang mit Mengen, Zahlen und Formen muss der Spielcharakter erhalten bleiben.

## Ästhetische Erziehung

Gestaltende und formende Tätigkeiten sind für das Kind mit relativ hohem Erlebniswert verbunden. Bildnerisches Gestalten stärkt die Äußerungs- und Zuwendungsfähigkeit des Kindes, macht Zusammenhänge bewusst, entspannt, fördert die Kreativität und Phantasie. Die ästhetische Erziehung beschränkt sich nicht nur auf das eigene Schaffen (Bauen, Malen, Formen), sondern erstreckt sich auch auf das Erkennen, Interpretieren, Beurteilen und Genießen von Kunst, Landschaft und Menschen. Das Kind erfährt, dass es nicht nur lebenserhaltende, sondern auch sogenannte „höhere Werte" gibt, zum Beispiel die schöpferischen Fähigkeiten des Menschen.

**Schöpferische Fähigkeiten**

Der Erzieher entspricht dem spontanen Interesse des Kindes, seine Umwelt umzugestalten und zu verändern durch Zuwendung und durch das Bereitstellen möglichst wenig strukturierter Materialien. Das freudige Hantieren des Kindes ist dabei stets wichtiger als das fertige Produkt.

Nicht die Reproduktion, sondern die eigene Ausdrucksfähigkeit des Kindes steht bei der ästhetischen Erziehung im Vordergrund. Als wichtige Ziele lassen sich nennen:

- Kennenlernen verschiedener Arbeitsmaterialien,
- schöpferisches Umgehen mit den Materialien,
- Gewinnen eigener ästhetischer Wertmaßstäbe,
- Spaß und Freude am Gestalten.

## Musik- und Bewegungserziehung

Ohne Musik ist unser Leben nicht vorstellbar. Musik ist in besonderer Weise ein Ausdrucksmittel der Lebensfreude. Sie stimuliert den Einzelnen und kann die Gruppe zu gleichen Reaktionen veranlassen. Musik kann anregen und entspannen und ist somit eine wichtige Grundlage für schöpferisches Handeln, weckt die Experimentierfreude und Phantasie. Ziele einer musikalischen Erziehung können sein:

**Ausdruck der Lebensfreude**

- akustische Wahrnehmung verschiedenartiger Signale und Geräusche,
- Erfahren akustischer Veränderungen,
- bewusstes Hören von Musik,

- Neugier auf musikalische Vorgänge,
- Singen,
- Herstellen und Erproben von Geräuschen und Klangquellen,
- Spielen einfacher Lieder auf Orff-Instrumenten,
- Gestalten mit Musik (graphische Darstellung von Rhythmen und Melodiebögen oder das Untermalen einer Geschichte mit Instrumenten),
- Verbalisieren des Gehörten.

Musik wird als reine Bewegung erfasst und vom gesamten Körper aufgenommen; Musik und Bewegung sind nicht voneinander zu trennen. Nicht nur der Erwerb und das Üben sportlicher Fähigkeiten, wie sie die Vorschulpädagogik der frühen 1970er Jahre propagierte, sondern eine umfassende Bewegungserziehung, die dem Kind zu einem körperlichen und seelischen Wohlbefinden verhilft, sollten Bildungsziel in diesem Rahmenbereich sein.

**Motorische Grundfertigkeiten**

Das Kind erwirbt motorische Grundfertigkeiten, lernt sie zu beherrschen und gelangt so zu seiner Bewegungssicherheit. Dies geschieht über das sportliche Spiel hinaus und kann durch Tanz, Pantomime und vielfältige freie, partner- und gruppengebundene Spielformen geschehen. Bewegungserziehung und soziales Lernen sind eng miteinander verbunden. In der Beschäftigung und beim Spiel lernt das Kind zum Beispiel Fairness, Hilfsbereitschaft, Einordnung in die Gruppe, partnerschaftliche Haltung, Rücksichtnahme und Selbstbeherrschung.

## Verkehrserziehung

Kinder sind als Fußgänger im Straßenverkehr in besonderer Weise gefährdet. Sie müssen auf ihre Rolle als Verkehrsteilnehmer einfühlsam vorbereitet werden.

**Sicherheitserziehung**

Verkehrserziehung – und somit auch Sicherheitserziehung – im Kindergarten ist wie alle Elementarerziehung familienergänzend. Sie darf nicht als reine Wissensvermittlung betrieben werden, bei der es „nur" um das Erlernen von Verkehrsregeln und Verkehrszeichen geht.

Die Sozialerziehung, Wahrnehmung, Umwelt- und Sachbegegnung und die Bewegungserziehung sind wesentliche Bestandteile der Verkehrserziehung im Kindergarten.

Das sinnliche Erfassen, gedankliche Verarbeiten gehören ebenso wie ein sicheres Bewegen zum verkehrssicheren Verhalten.

Ziele sind zum Beispiel:

- Kennen, Unterscheiden und Benennen von Farben, Formen und Geräuschen,
- Verkehrssituationen erfassen,
- Größen und Gestaltungsunterschiede erkennen,
- Lage und Richtung unterscheiden können,
- Regeln und Verkehrssymbole kennen,
- Reagieren auf einfache Signale,
- sicheres Fortbewegen zu Fuß,
- altersgemäße Fortbewegungsmittel sicher handhaben und beherrschen (Roller, Kettcar, Kinderrad),
- Personen kennen, die im Straßenverkehr bei schwierigen Situationen (Notsituationen) helfen können.

Themenvorschläge zu den genannten Rahmenbereichen finden Sie auf den Seiten 143ff.

Eine Fülle praktischer Beispiele zur Vorbereitung gezielter Beschäftigungen finden Sie in den Büchern des Literaturverzeichnisses.

## Gruppenspezifische Voraussetzungen

**Gruppe = differenziertes soziales Gebilde**

Die Erzieherin wird beim Planen von Lernprozessen in einer Kindergruppe davon ausgehen, dass sie es hier mit einem differenzierten sozialen Gebilde zu tun hat.

Die Kinder kommen aus verschiedenen Familien. Sie bringen unterschiedliche „Wertsysteme" mit, das heißt, jeder Einzelne hat seine Erfahrungen auf emotionalem und sozialem Gebiet gemacht und ist im körperlichen, kognitiven und kreativen Bereich unterschiedlich entwickelt.

Jeder Lernprozess hat somit eine Ausgangslage, die vom Lernenden in den Lernprozess eingebracht wird. Um an die bisherigen Lernerfahrungen des Lernenden anknüpfen zu können, benötigt die Erzieherin Informationen über den Einzelnen und die Gruppe:

**Welche Informationen benötigt die Erzieherin von der Gruppe?**

- Wächst das Kind bei seinen Eltern/Großeltern/Adoptiveltern auf?
- Hat das Kind Geschwister oder ist es Einzelkind?
- Wie ist der Erziehungsstil zu Hause?
- In welchem Sprachmilieu wächst das Kind auf?

- Verfügt das Kind über genügend Spielerfahrungen (Spielraum und Spielzeug) zu Hause?
- Wie intensiv ist der Kontakt zur Umwelt?
- Welche Erfahrungen besitzt das Kind mit Medien (z.B. Bilderbuch, Fernsehen)?
- Gebraucht das Kind in vollem Umfang seine Sinne?
- Wie weit sind Grob- und Feinmotorik entwickelt?
- Wie ist die Grundstimmung einzelner Kinder in der Gruppe?
- Wie sind die Kontakte (Zuneigung, Anerkennung, Aggression) untereinander?
- Sind einzelne Kinder längere Zeit krank gewesen?

**Beobachtung**

Die Beobachtung der Lerngruppe ist für die Erzieherin eine unentbehrliche Voraussetzung. Sie hilft ihr, ihre Ziele und Inhalte zu wählen; sie kann das methodische Vorgehen festlegen und die Medien und Materialien zusammenstellen.

Da nähere Angaben zum Entwicklungsstand einer Gruppe nur nach längeren intensiven Beobachtungen gemacht werden können, ist zum Beispiel die Praktikantin auf Auskünfte der Gruppenleitung angewiesen. Für die Erstellung einer Ausarbeitung ist es wichtig, sich rechtzeitig vorher über den Entwicklungs- und Leistungsstand der Gruppe zu informieren, damit eine Über- beziehungsweise Unterforderung möglichst vermieden wird.

**Lernen in der altersgemischten Gruppe**

Wenn Sie im Kindergarten mit 3 1/2- bis 5-jährigen Kindern arbeiten, sind Sie auf viele „Warum"-Fragen gefasst. Das Kind sucht mit seinen Fragen nach Erklärungen für Dinge und nach Begründungen für Sachverhalte. Es will durch seine Fragen mit Ihnen ins Gespräch kommen. Das 5- bis 6-jährige Kind ist unter normalen Umständen

- aufnahmefähig, wissensdurstig, neugierig, lernbegierig, experimentierfreudig,
- umwelterfassend, gemeinschaftsfähig, anpassungsfähig, spontan,
- kontaktfreudig, mitteilsam, lustig, laut, quicklebendig,
- im positiven Sinne eigenwillig, aber auch egoistisch, rechthaberisch und zornig,
- liebebedürftig, vertrauensvoll, zutraulich,
- lebhaft, verspielt, nachahmend, selbstständig.

## Situation in der Gruppe

**Aktuelle Umstände berücksichtigen**

Bei der Planung muss die Erzieherin auch aktuelle Umstände berücksichtigen, die für die Atmosphäre in der Gruppe entscheidend sein können, zum Beispiel:

- Hat die Gruppenleitung gewechselt?
- Sind vorwiegend neue Kinder in der Gruppe?
- Welche Personen befinden sich im Raum?
- Wartet eine Mutter (sichtbar), die ihr Kind abholen möchte?

## Auf individuelle Unterschiede eingehen

**„Mauerblümchen", „Kasper" und „Star"**

In jeder Gruppe bestehen individuelle Unterschiede, die nicht allein vom Alter und Entwicklungsstand abhängig sind. So gibt es das zurückhaltende, schüchterne Kind, das besonders der persönlichen Zuwendung der Erzieherin bedarf, um aus seinem „Mauerblümchen"-Verhalten herausgeführt zu werden; es gibt auch „Kasper", „Star" und „Außenseiter", die vom Erzieher Geduld, gezielte Lenkung, Einbeziehung und Aktivierung verlangen.

## Gruppengröße

In der Praxis hat es die Erzieherin im Kindergarten in der Regel mit Gruppengrößen von 20 bis 25 Kindern zu tun. Die Teilnehmerzahl bei einer Beschäftigung hängt stets von der Art des Vorhabens ab. Bei einer Bastelbeschäftigung wird man gezwungenermaßen mit weniger Kindern arbeiten als bei einem Gespräch im Stuhlkreis. Während der Ausbildung hat der angehende Erzieher vorrangig mit kleineren Gruppen (6 bis 10 Kinder) gearbeitet. Dies war ein gewisser Idealzustand, der so in der jetzigen Praxis nicht mehr besteht.

# 2 Didaktische Überlegungen

## Lernziele

**Begriffsklärung**

Lernziele sind die Bezeichnung für das, was durch Erziehung, gezielte Beschäftigung, Unterweisung oder Unterricht angestrebt beziehungsweise erreicht werden soll. Lernziele beschreiben das Verhalten

(Kenntnisse, Fähigkeiten, Fertigkeiten), zu dem der Lernende durch den Lernprozess gelangen soll; das heißt, die Erzieherin beschreibt, was die Kinder tun sollen, damit ersichtlich werden kann, dass sie auch wirklich gelernt haben, was sie lernen sollen.

Lernziele betreffen immer zugleich geistige, seelische und körperliche Bereiche des menschlichen Verhaltens, auch wenn die Lernzielformulierung sich auf die Kennzeichnung eines dieser Bereiche beschränkt. Wir unterteilen Lernziele in Leitziele, Richtziele, Grobziele und Feinziele.

**Unterteilung von Lernzielen**

**Leitziele** liegen auf der obersten bildungspolitischen Entscheidungsebene (z.B. „Demokratischer, mündig denkender und handelnder Staatsbürger").

**Richtziele** haben die Aufgabe, Leitziele zu konkretisieren.

**Grobziele** sind so konkret gehalten, dass zwar viele, aber nicht alle Interpretationen (Auslegungen, Deutungen) ausgeschlossen sind.

**Feinziele** werden aus den Grobzielen abgeleitet. Sie sind so konkret wie möglich zu formulieren, damit keine unterschiedlichen Auslegungsmöglichkeiten gegeben sind. Feinziele sind sogenannte „operationalisierte" Lernziele, d.h. sie sind exakt beschreib- und kontrollierbar.

Gehen wir von den Feinzielen aus, so müssen die Worte, mit denen die Erzieherin die Lernziele formuliert, konkret die Absicht des Lernziels wiedergeben. Die beabsichtigten Ergebnisse einer gezielten Beschäftigung sollen im Lernziel beschrieben werden, wobei das Ergebnis nur das erwartete Endverhalten des Lernenden sein kann. Die konkrete Verhaltensänderung muss ablesbar sein.

Am Beispiel eines Themas aus der „Umwelt- und Sachbegegnung" (hier: „Wissen über den eigenen Körper und Sorge um die eigene Person") wollen wir ein Grobziel benennen und davon mehrere überprüfbare Feinziele ableiten.

## Grobziel

**Grobziel**

Das Kind besitzt erste Kenntnisse über seinen Körper und kann, soweit es in seinen Kräften steht, für seinen Körper sorgen.

## Aus dem Grobziel ergeben sich als mögliche Feinziele

**Feinziele**

Das Kind

- benennt die Teile seines Körpers,
- kennt die Funktion seiner Körperteile,
- kann die Körpermerkmale bei verschiedenen Menschen unterscheiden,
- kann selbstständig die Toilette aufsuchen,
- kann sich die Zähne putzen,
- kann sich die Nase putzen,
- kann sich die Hände waschen,
- kann sich die Haare kämmen,
- kann sich die Fingernägel mit einer Nagelfeile reinigen,
- kann seine Kleidungsstücke einzeln benennen,
- kann sich selbstständig an- und ausziehen,
- kann seine Kleidung nach der Witterung (Sonne, Regen, Schnee) wählen (z.B. Regenkleidung),
- achtet auf seine Kleidungsstücke,
- weiß, dass Kleider durch Waschen (Reinigen, Bürsten, Bügeln) gepflegt werden,
- kennt die Bedeutung wichtiger Grundnahrungsmittel wie Brot, Milch, Fleisch, Obst und Gemüse für den eigenen Körper,
- kennt die täglichen Hauptmahlzeiten,
- hilft beim Auf- und Abdecken des Tisches.

**Operationalisierung**

Die Erzieherin beschreibt also Operationen, die hier die Kinder vollziehen, damit erkennbar wird, dass sie tatsächlich den im Lernziel intendierten Anspruch auch erreicht haben. Bei der Operationalisierung ist besonders wichtig, dass der Erzieher den Lernstand, die Lernfähigkeit und das Lerntempo der Lernenden berücksichtigt.

Lernziele dürfen das Kind nicht überfordern, aber auch nicht hinter seiner Entwicklung herhinken. Sowohl Über- als auch Unterforderung rufen Langeweile und Frustration hervor.

## Lernziele ausfindig machen

In der Sozialpädagogik – so auch im Kindergarten – besteht der Grundsatz: Anfangen, wo die Gruppe steht!

Die Erzieherin muss demnach die konkrete Lebenssituation „ihrer" Kinder in ihren verschiedenen Anforderungen erfassen.

Im Kindergarten werden die speziellen Aufgaben in den Rahmenbereichen formuliert, um so dem Erzieher bei der Entwicklung von Lernzielen zu helfen.

Die Schwierigkeit für den Berufsanfänger besteht oftmals darin, in den zum Teil abstrakt wirkenden Lernbereichen die Vielzahl konkreter Möglichkeiten in ihrem Gesamtzusammenhang zu erkennen.

## Wie lege ich Lernziele fest?

**Fragestellungen**

Bei der Festlegung von Lernzielen muss sich der Erzieher fragen:

1. Welche Bedeutung (Wichtigkeit) hat das Lernziel für den Lernenden?
2. Ist die Erreichung des Lernziels sinnvoll?
3. Helfen die gewählten Lernziele bei der Realitätsbewältigung?
4. Sind die Lernziele dem Entwicklungsstand des Lernenden angemessen?
5. Berücksichtigen die Lernziele den Gesamtplan?
6. Sind die Lernziele logisch beschaffen?
7. Welche Lernerfahrungen werden bereits vorausgesetzt, um das Erreichen der neuen Lernziele positiv zu beeinflussen?
8. Wie wird das Lernziel begründet?
9. Unterstützt das Lernziel die Selbstständigkeit des Lernenden?
10. Welche Bedeutung hat das Lernziel langfristig?

## Lerninhalte

Lernziele müssen in konkrete Lerninhalte umgesetzt werden, das heißt, für den Erzieher stellt sich die Frage: „Was bringe ich an die Kinder heran, um meine gewählten Lernziele zu verwirklichen?"

Lernziele sind Lerninhalten gegenüber vorrangig, jedoch von diesen nicht unabhängig.

**Überlegungen bei der Auswahl von Inhalten**

Es ergeben sich folgende Überlegungen:

1. Welchen allgemeinen Wert und welche exemplarische Bedeutung hat der Lerninhalt?

2. Welche Sinn- oder Sachzusammenhänge werden durch die Inhalte erschlossen?
3. Welche gegenwärtige und zukünftige Bedeutung hat der Lerninhalt für den Lernenden?
4. Wie ist der Lerninhalt strukturiert?
5. Gibt es besondere, sich (aktuell) anbietende Gelegenheiten, sich im Lernprozess mit einem Inhalt auseinanderzusetzen?

**Didaktisch-methodische Gesichtspunkte**

Lerninhalte werden nach didaktisch-methodischen Gesichtspunkten und nach praktischen Erfahrungen (z.B. mit der Lerngruppe) ausgewählt:

- Auswahl nach pädagogischen Prinzipien wie der Anschaulichkeit, des Exemplarischen, der Lebensnähe, der Teilschritte,
- Aufbau auf bekannten Voraussetzungen,
- Einbeziehung des Konkret-Erlebbaren (bei älteren Kindern und Jugendlichen auch des Abstrakt-Denkbaren),
- sachlich angemessene Vereinfachung auf das Wesentliche, Grundlegende.

Die Lerninhalte lassen sich nicht nach einem allgemein gültigen Schema erarbeiten, sondern müssen sich jeweils an den Lernbereichen orientieren. Aus dem Lernbereich „Ästhetische Erziehung“ lassen sich zum Beispiel folgende Lerninhalte nennen:

- Malen, Zeichnen,
- Drucken,
- Falten und Biegen,
- Reißen, Schneiden, Kleben,
- Formen, Modellieren,
- Betrachten von Gegenständen und Bildern.

Die Lerninhalte werden auf der Ebene der Grobziele als Gesamtvorhaben angegeben und auf der Ebene der Feinziele als Teilvorhaben untergliedert.

Das Gesamtvorhaben könnte zum Beispiel „Drucken“ lauten; die Teilvorhaben wären dann verschiedene Drucktechniken wie Fingerdruck, Kartoffeldruck, Pinseldruck, Korkdruck .

**Gesamtvorhaben**

Inhalte (Gesamtvorhaben) aus dem Lernbereich „Umwelt-, Sach-, Naturbegegnung“ können zum Beispiel sein: Haustiere, Tier- und Pflanzenwelt der Umgebung, Wohnung und Garten, Jahreslauf, Technik, Nahrung und Gesundheit/Körperpflege. Nehmen wir den Lerninhalt „Technik“, so könnten wir ihn in eine Vielzahl von Teilvorhaben aufgliedern; zum Beispiel in „Verkehrsmittel“ und hier wieder in „Roller, Dreirad, Fahrrad, Motorrad, Auto“ usw. (Nutzen und Gefahren). Lerninhalte nennen stets die zu besprechenden Gebiete und stellen fest, welche Kenntnisse, Fähigkeiten und Fertigkeiten erworben werden sollen. Bei der Auswahl der Lerninhalte ist grundsätzlich die Frage nach der „lebensdienlichen“, das heißt praktischen Bedeutung für das Kind zu stellen, die auch von dessen aktuellen Interessen mitbestimmt werden.

**Teilvorhaben**

# 3 Methodische Überlegungen

Ziel und Kriterium pädagogischer Methoden ist es, dass beziehungsweise ob sie zufriedenstellendes Lernen ermöglichen. Der Lernende soll dabei das ihm unter methodischer Vermittlung Dargebotene nicht nur einfach übernehmen, sondern lernen, allmählich selbstständig Erkenntnisse zu finden und sich Kompetenzen aneignen. Lernmethoden müssen demnach die Selbsttätigkeit des Lernenden ansprechen.

**Selbsttätigkeit des Kindes ansprechen**

Die zentrale Phase jedes methodischen Vorgehens ist die eigentliche Lern- und Arbeitsphase, also die Auseinandersetzung mit dem Thema, der Aufgabe und der zu erwerbenden Fähigkeit. Da der Sinn eines Spiels ein anderer als der einer Besichtigung ist oder die Beschäftigung mit der Musik ein anderer als der mit dem Mengentrainer, müssen auch die Formen der Vermittlung und Aneignung, die methodischen Schritte und ihre Folge unterschiedlich sein.

So wie es in der Pädagogik keine Rezepte geben kann, gibt es auch keine Universalmethode.

Dafür gibt es verschiedene Lernhilfen, die dem Lernenden das Lernen erleichtern und zusätzlich seine Lernbereitschaft fördern.

**Lernbereitschaft fördern**

## Lernhilfen

- gehen von der Person der Erzieherin aus,
- werden gegeben durch die Wahl und den Einsatz bestimmter Lern- und Aktionsformen,

- erfolgen durch die Einteilung in Lern- beziehungsweise Vermittlungsstufen und durch schrittweises Vorgehen,
- erfolgen durch Medien.

## Lernhilfen durch die Erzieherin

**Wichtige Erkenntnisse**

Sie wissen, dass Sie durch Ihr Erzieherverhalten pädagogische Einflussnahme ausüben, und dass gerade Kinder im Vorschulalter sehr personenabhängig lernen. Für Ihr methodisches Vorgehen im Kindergarten ergibt sich aus dieser Tatsache eine Reihe wichtiger Erkenntnisse:

- Motivieren Sie die Kinder, in dem Sie Ihre Beschäftigungen originell beginnen. Nutzen Sie dabei die Neugier und Fragehaltung der Kinder und erhalten Sie ihnen diese. Durch „spannendes" Vorgehen bleibt die Motivation im Verlauf des Lernens erhalten.
- Knüpfen Sie an das Vorwissen und den Erfahrungshintergrund der Kinder an; schöpfen Sie vorhandene Kenntnisse voll aus. Das neu zu Lernende kann so leichter integriert werden.
- Üben Sie die sprachliche Ausdrucksfähigkeit der Kinder, indem Sie Impulse für Gespräche geben und Fragen stellen.
- Sprechen Sie klar, verständlich und anschaulich. Sprechen Sie nicht zu leise beziehungsweise monoton.
- Seien Sie humorvoll und sorgen Sie für eine gelöste Atmosphäre.
- Ermutigen Sie die Kinder, sich spontan zu äußern, zu reflektieren und zu kritisieren.
- Geben Sie Denkanstöße und unterstützen Sie die Selbstständigkeit der Kinder.
- Fördern Sie die Zusammenarbeit, indem Sie Spielregeln aufstellen, Material austeilen lassen, zur gegenseitigen Hilfestellung (da, wo sie erwünscht ist) anregen.

**Kindliche Bedürfnisse ernst nehmen**

- Nehmen Sie die Bedürfnisse der Kinder (z.B. zu lärmen, sich zurückzuziehen, sich mitzuteilen) wichtig.
- Rechnen Sie auch mit grundsätzlichen Herausforderungen der Kinder. Finden Sie dabei einen Mittelweg zwischen Lob und Tadel; lassen Sie sich nicht auf einen Machtkampf ein. Seien Sie nicht verletzt und strafen Sie nicht mit „Wiedervergeltung". Auch Kinder haben mal einen schlechten Tag.
- Wenn Sie neu mit einer Gruppe zusammenarbeiten, testen die Kinder auch die Grenzen möglichen Verhaltens; sie experimentieren,

um zu sehen, wie weit sie gehen können. Häufig wird störendes Verhalten durch „Nicht-darauf-Eingehen“ gelöscht.

- Begründen Sie Ihre Entscheidungen.
- Geben Sie sachliche Informationen über Konsequenzen bestimmten Verhaltens anstelle von Anweisungen.
- Lassen Sie Kinder nicht länger still sitzen als es ihr Entwicklungsstand zulässt.
- Kinder brauchen Hilfe, wenn sie Sicherheit gewinnen sollen. Geben Sie weiterführende Hilfen, keine fertigstellenden. Achten Sie auf selbstständiges Handeln der Kinder.
- Bemühen Sie sich, die Häufigkeit und Intensität Ihres Sprechens allmählich zu verringern; so wird die Erzieherfixiertheit nach und nach abgebaut und die Kommunikation der Kinder untereinander mehr gefördert.
- Wählen Sie Inhalte und Aufgaben, bei denen die Kinder besonders aktiv mitwirken können (Aktivitätsprinzip).
- Verzichten Sie auf Reizfragen, die auf die Herausforderung einer vorherbestimmten erwünschten Antwort zielen. Geben Sie den Kindern die Möglichkeit, in ganzen Sätzen zu antworten.

**Auf Reizfragen verzichten**

- Jedes Kind will angenommen, geachtet und geliebt werden. Der Erzieher sollte echte Freude zeigen und ausdrücken („pädagogischer Optimismus“).
- Durch freundlichen Umgangston schaffen Sie eine entspannte Atmosphäre und ein angstfreies und vertrauensvolles Klima.

**Entspannte Atmosphäre**

- Geben Sie mit Wort und Tat dem Kind zu verstehen, dass seine Bemühungen Aussicht auf Erfolg haben, dass sein Tun Ihr Echo findet. So stabilisieren Sie seine Motivation.
- Geben Sie Rückmeldungen, die einen anerkennenden Charakter haben und ermutigen; üben Sie Kritik immer sachbezogen.
- Stellen Sie sicher, dass die Kinder die von Ihnen dargestellten Ziele gut erreichen können. Erkennen Sie die Leistungen ab und zu an (intermittierende Verstärkung). Das Loben von Lernverhalten steigert die Häufigkeit, richtig zu lernen.

**Leistungen verstärken**

- Übertragen Sie leichtere Aufgaben an Schwächere, um somit die Möglichkeit des Lobens zu haben.
- Benutzen Sie vielfältige Darstellungsformen.
- Suchen Sie wirklichkeitsnahe Lerninhalte aus.
- Teilen Sie das Vorgehen in Lernschritte auf, die vorwiegend Erfolgserlebnisse ermöglichen.

**Wirklichkeitsnahe Inhalte**

- Geben Sie genügend Orientierungshilfen.

**Methodenwechsel**

- Dynamisieren Sie den Lernprozess durch Methodenwechsel, um so möglicher Monotonie und Langeweile vorzubeugen.
- Beschäftigungen sollten nicht abrupt abgebrochen werden. Nehmen Sie sich Zeit für einen harmonischen Ausklang; für ein Gespräch, eine gemeinsame Betrachtung, gemeinsames Aufräumen.
- Ermuntern Sie die Kinder, ihre Bedürfnisse und Interessen selbst zu artikulieren.

## Lernformen

Lernmethoden sollen die verschiedenen Grundformen der Auseinandersetzung des Menschen mit der Wirklichkeit in kindgemäßer Form repräsentieren. Die Erzieherin sollte deshalb abwechslungsreich vorgehen und verschiedene Lernformen zur Anwendung bringen.

Im Kindergarten eignen sich besonders folgende Lernformen:

### ❖ Gespräche

**Sprechen**

Durch Sprache werden Gedanken, Ideen und Begriffe geklärt. Vorstellungen werden erweitert, vertieft und gegebenenfalls korrigiert.

Gespräche fördern die Sachlichkeit des Denkens.

### ❖ Beobachtungen von Vorgängen

**Beobachten**

Die Beobachtungsfähigkeit und somit die Verbesserung der Wahrnehmungsfähigkeit können Sie durch vielfältige Beschäftigungen fördern, zum Beispiel durch Besichtigungen, Besuche, durch das Untersuchen von Gegenständen, durch kindgemäß durchgeführte Versuche und Experimente.

### ❖ Herstellen, Konstruieren und Bauen

**„Denken der Hand“**

Das Herstellen, Konstruieren und Bauen wird auch als „Denken der Hand“ bezeichnet. Die notwendige gedankliche Klärung erfolgt während des Vollzugs. Das anschauende Auge, das registriert und vergleicht, setzt hier den Denkprozess in Gang. Für die Ausbildung des Denkens ist das Bauen und Konstruieren somit von tragender Bedeutung. In gezielten Beschäftigungen kann das Kind mit Hilfe entsprechender Materialien (z.B. Ton, Pappe, Konstruktionsspielmittel) seine Einfälle verwirklichen.

### ❖ Demonstrieren

**Funktionszusammenhänge offen legen**

Beim Demonstrieren, nämlich bei der Überlegung, wie zum Beispiel ein Fotoapparat, eine Puppe, eine Uhr, ein Schalter oder ein Radiogerät von innen aussieht, werden für das Kind technische Funktionszusammenhänge offengelegt.

### ❖ Untersuchen

Bei Untersuchungen werden Beobachtungsgabe, Ausdauer und Konzentrationsfähigkeit gefordert und gefördert. Untersuchen weist Ähnlichkeiten mit den Lernformen Beobachten und Demonstrieren auf.

### ❖ Zeichnen und Malen

**Emotionale Eindrücke verarbeiten**

Das Zeichnen und Malen ist eine Lern- und Aktivitätsform von hohem didaktischem Rang. Kinder im Vorschulalter, die malen und zeichnen, verarbeiten meist emotional bewegende Eindrücke. Zeichnungen haben sowohl eine Ausdrucks- wie eine Ventilfunktion.

### ❖ Rollenspiel

Das Rollenspiel ist besonders durchdrungen vom spielenden Lernen. Das Kind identifiziert sich mit dargestellten Personen (Vater, Mutter, Arzt, Polizist) und Objekten (Auto, Flugzeug und Lokomotive).

Die einzelnen Lernformen sind oft miteinander verbunden und lernbereichsübergreifend.

## Aktionsformen

**Atmosphäre wird geprägt**

Bei der Planung von Beschäftigungen und Projektvorhaben spielt die Wahl der Aktionsform für die Erreichung der Ziele eine wichtige Rolle. Die Art und Weise des Einsatzes der Aktionsform beeinflusst wesentlich das Handeln der Gruppe und des Einzelnen sowie den Lernerfolg der Beschäftigung; darüber hinaus prägt sie entscheidend die Atmosphäre während der Durchführung.

Für gezielte Beschäftigungen bieten sich als Aktionsformen an:

## ❖ Erziehervortrag

**Informationen steuern**

Die Erzieherin hat „die Fäden in der Hand“. Sie steuert zentral die Informationen und den Verlauf (z.B. beim Erzählen, Vorlesen, Musizieren, Turnen).

## ❖ Partnerarbeit

**Von hoher Effektivität**

Die Partnerarbeit ist fast immer verwendbar. Sie ist von hoher Effektivität und für die Kinder abwechslungsreich gestaltbar. Nach genauer Aufgabenstellung des Erziehers sind jeweils zwei Kinder für kurze Zeit zu einer Arbeits- oder Spielgemeinschaft (z.B. beim Turnen, Musizieren, bei Bewegungsspielen) beisammen.

## ❖ Allein- beziehungsweise Einzelarbeit

**Großer individueller Spielraum**

Die Alleinarbeit ist schon seit langem bekannt. Besonders in der Schule ist sie ein Element der Steuerung durch den Lehrer. Alleinarbeit lässt dem Lernenden einen besonders großen individuellen Spielraum in der Lernaktivität und im Arbeitstempo.

Sind genügend Raum, ausreichendes Material und eine entspannte Atmosphäre vorhanden, so ist die Alleinarbeit die konsequenteste Form der Individualisierung. Besonders effektiv wird sie als Kombinationselement mit anderen Aktionsformen. Im Kindergarten wird die Alleinarbeit zum Beispiel beim Malen und Basteln eingesetzt, wo sich das Kind in Ruhe seiner Tätigkeit zuwenden kann.

## ❖ Gruppenarbeit

**Fordert zur gegenseitigen Hilfe auf**

Die Gruppenarbeit fördert soziale Verhaltensweisen. Sie fordert die Bereitschaft zur gegenseitigen Hilfe und zur Zusammenarbeit; ferner die Bereitschaft zum gegenseitigen Verständnis, zur Toleranz, im Team zu arbeiten und sich zu beraten. Im Kindergarten ist die Gruppenarbeit nur begrenzt möglich.

Im Wesentlichen lassen sich die genannten Aktionsformen in zwei Bereiche unterteilen:

### (a) Direkte Aktionsformen

Die Erzieherin wendet sich direkt an die Kinder, zum Beispiel beim Gespräch, bei der Erläuterung einer Demonstration, bei der Darbietung einer Geschichte.

### (b) Indirekte Aktionsformen

**Direkte und indirekte Aktionsformen**

Die Erzieherin wirkt über bestimmte Situationen, in denen sie die Kinder bewusst sich selbst überlässt; zum Beispiel durch Arbeitsanweisungen, Finden eigener Lösungswege beim Arbeiten mit dem Mengentrainer.

Die Aktionsformen zeigen, dass sich die Interaktion in einer gezielten Beschäftigung hauptsächlich durch die Sprache vollzieht. Der Erzieher benutzt sie nicht nur zur Verständigung, sondern als Instrument des Vermittelns und der Verhaltensänderung. Insgesamt erfolgt die Beeinflussung des Lernenden durch die Erzieherin sprachlich, mimisch und gebärdenhaft.

Die wichtigsten Grundformen didaktischen Sprechens sollten Sie kennen:

**Didaktisches Sprechen**

1. feststellen
2. bezeichnen
3. erklären
4. erzählen
5. berichten
6. beschreiben
7. schildern
8. begründen
9. vergleichen/unterscheiden
10. Beispiele aufzeigen
11. ergänzen
12. erläutern
13. fragen
14. auffordern
15. anleiten
16. Aufgaben stellen
17. ermutigen
18. ermahnen
19. beurteilen
20. wiederholen
21. verbessern

## Zur Technik der Erzieherfrage

**Worauf sollte der Erzieher beim Fragen achten?**

Durch Fragen kommt die Erzieherin mit dem Kind ins Gespräch. Worauf sollte beim Fragen geachtet werden?

- Damit sich alle angesprochen fühlen und zum Nachdenken angeregt werden, besondere Denkfragen möglichst an die ganze Gruppe und nicht an Einzelne stellen.
- Keine Suggestivfragen stellen.
- Vermeiden Sie Kettenfragen.
- Richtige Fragewörter verwenden, zum Beispiel „womit“ statt „mit was“ oder „wozu“ statt „zu was“.
- Halten Sie Augenkontakt.
- Warten Sie nach Ihrer Frage etwas, damit sich alle die Antwort überlegen können.
- Geben Sie „schwächeren“ Gruppenmitgliedern die Möglichkeit, zuerst zu antworten. Ist die Antwort teilweise richtig, so haben Sie die Möglichkeit, den Sachverhalt im Gespräch zu klären.

Das methodische Vorgehen des Erziehers bei der Beschäftigung ist immer gerichtet auf

- Veranschaulichung
- Erfassen
- Verstehen
- Begreifen

} unter Berücksichtigung der individuellen Lernfähigkeiten

## Lern- beziehungsweise Vermittlungsstufen

**Einteilung in sechs Stufen**

Auf die Frage, wie am besten gelehrt und gelernt werden kann, hat der Psychologe Heinrich Roth eine allgemein anerkannte und durch die pädagogische Psychologie abgesicherte Einteilung in sechs aufeinanderfolgende Stufen vorgenommen. Sie darf jedoch nicht als strenge Gliederungsvorschrift missverstanden werden, da die einzelnen Stufen oft ineinander übergehen.

### 1. Stufe der Lernmotivation

Wer lernen will, muss motiviert werden, sich mit dem Stoff (Thema) auseinanderzusetzen. Es geht darum, das Interesse des Lernenden zu wecken, ihn neugierig zu machen.

### 2. Stufe der Schwierigkeiten

Die Aneignung neuen Lernstoffes bietet in der Regel Schwierigkeiten, die sich nie gänzlich ausräumen lassen und auch nicht ganz ausgeräumt werden sollten.

### 3. Stufe der Einsicht

Werden die Schwierigkeiten überwunden, so wird das Neue (oft plötzlich) eingesehen und verstanden.

### 4. Stufe des Tuns

Das Eingesehene wird nur fester geistiger Besitz werden, wenn es in Handlung umgesetzt wird. Der Lernende muss sich aktiv mit dem Lernstoff auseinandersetzen, muss selbst etwas tun, durchführen.

### 5. Stufe des Übens

Das Tun des Lernenden geht in geplantes Üben oder Einprägen über und dient somit der Festigung des Gelernten.

### 6. Stufe des Bereitstellens

Das Geübte und dadurch Gelernte wird zur Lösung praktischer Aufgaben bereitgestellt.

Im Kindergarten ist die Zahl der Stufen meist kleiner. Bei der Aneignung von Fertigkeiten zum Beispiel bestehen sie aus

Vorbereiten – Vormachen – Nachmachen – Üben.

### Vorbereiten

Die Erzieherin erzählt, was sie vorhat, weckt Interesse, nimmt gegebenenfalls den Kindern die erste Befangenheit.

### Vormachen

Die Erzieherin macht die neue Fertigkeit vor, erklärt und erläutert. Die Kinder schauen zu.

### Nachmachen

Die Kinder machen die ihnen vorgemachten Fertigkeiten nach. Die Erzieherin beobachtet, verbessert und hilft.

### Üben

Die Kinder üben die neue Fertigkeit, bis sie beherrscht wird. Die Erzieherin kontrolliert.

**Erfolgsgesetz des Lernens**

Nach dem Effektivitätsgesetz (Erfolgsgesetz) des Lernens wird dann besonders wirksam gelernt, wenn das Lernen zu einem Erfolg führt, der sich weiterhin positiv auf das Kind auswirkt. Durch die unmittelbare Verstärkung (Bekräftigung) wird das Gelernte gespeichert.

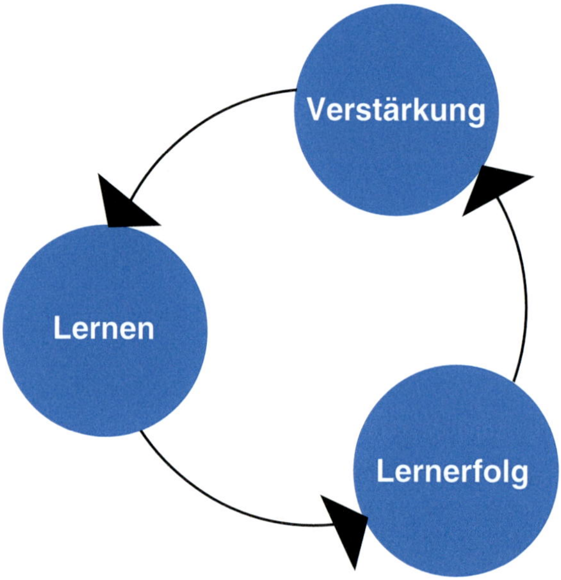


Lernerfolge stellen sich am ehesten ein, wenn in überschaubaren Lernschritten gelernt wird. Deshalb teilt die Erzieherin den Lernstoff für die Beschäftigung in kleine Lernschritte auf, damit für den Lernenden Erfolgserlebnisse sofort nach dem Lernen erreichbar sind (siehe auch „Prinzipien zur Stützung von Lernvorgängen“, S. 32: Teilschritte).

## Medien

Im Sprachgebrauch werden unter der Sammelbezeichnung „Medien“ meist die technischen wie Computer, Film, Fernsehen, Radio und Zeitung verstanden; sie sind Mittel zur Übermittlung von Informationen, Nachrichten und Botschaften.

In der Pädagogik verstehen wir unter Medien alle Hilfsmittel, die zur Erreichung eines Lernziels eingesetzt werden. Sie dienen der Veranschaulichung und Vertiefung eines Lerninhaltes.

**Hilfsmittel zur Erreichung von Lernzielen**

Im Lernprozess und Unterricht nehmen die personalen Medien (z.B. das Erziehergespräch, der Lehrervortrag, das Rollenspiel) eine besondere Rolle ein. Zur Unterstützung werden technische Medien eingesetzt.

Bei der gezielten Beschäftigung überlegt die Erzieherin, welches Medium für welchen Zweck (z.B. Darstellung, Verdeutlichung, Wiederholung, Vorführung) geeignet ist.

Hauptkriterium für den Einsatz eines Mediums sollte stets die Überlegung sein, ob Kommunikation und Verständigung erleichtert werden. Die teuersten und besten technischen Medien helfen nichts, wenn sie den Umgang zwischen Erzieher und Kindern (Jugendlichen) nicht lebendiger machen. Medien sind kein Ersatz für den Erzieher. Setzen Sie Medien ein, die zum Lernen motivieren, die Lerninhalte anschaulich machen und Übertragungsmöglichkeiten schaffen. Für die Beschäftigung lassen sich die Medien nach verschiedenen Gesichtspunkten gliedern:

**Welche Hilfsmittel motivieren zum Lernen und Veranschaulichen?**

### (a) Medien als Demonstrationsmaterial

Bilderbücher, Bildtafeln, Filme, Computer, Video-Aufzeichnungen, Magnet- und Flanelltafeln, größere Modelle, Spielmittel und Beschäftigungsmaterial, CDs, Kassetten.

### (b) Medien zur Erarbeitung und Vertiefung

Lernmittel erreichen eine besondere Steigerung durch ihre Umformung in Arbeitsmittel (z.B. Lotto, Domino, Quartett). So geht zum Beispiel von Lernspielen ein erhöhter Reiz aus; sei es durch die Selbstkontrolle des eigenen Könnens durch Übungsmittel oder durch kombinierte Reize wie Bilder, Kassetten, Anweisungen für Partner- oder Gruppenarbeit.

### (c) Didaktische Medien

An didaktische Medien (z.B. Mengentrainer, Logische Blöcke, spezielle Spiel- und Lernmittel) werden besonders hohe Anforderungen gestellt. Sie müssen einen didaktischen Aufbau haben; das heißt, sich klar am Lernziel orientieren und einzelne Lernschritte ermöglichen.

### (d) Medien für die Hand der Erzieherin

Gemeint sind hier Informationsträger, die Hinweise zur Didaktik und Methodik des Lehrens und Lernens geben und dem Erzieher bei der Vorbereitung von Beschäftigungen helfen: Fachbücher, Rahmenpläne, Beihefte und Anleitungen zu benutzten Medien, Lehr- beziehungsweise Beschäftigungsbeispiele.

**Optische und akustische Medien**

Wir können auch eine Einteilung in optische und akustische Medien vornehmen:

### 1. Tafel

Ein bereits sehr altes Medium, das leider nicht immer entsprechend genutzt wird. Die Tafel hilft, Begriffe, Gedankengänge und Zusammenhänge zu skizzieren.

### 2. Overhead-Projektor (Lichtschreiber)

Schreibrollen und Einzelfolien, die auch farbige Darstellungen ermöglichen, erhöhen die Verständlichkeit.

### 3. Schaubilder

sind gekaufte oder vom Erzieher angefertigte Lernhilfen, die bestimmte Zusammenhänge und Verläufe wiedergeben. Anhand eines oder mehrerer Schaubilder kann ein ganzes Thema abgehandelt werden.

### 4. Flanelltafeln und Magnettafeln

Beide Veranschaulichungsflächen sind leicht zu handhaben. Die anzuheftenden Zeichen müssen vorbereitet werden. Die Flanelltafel ist transportabel; mit Sandpapier hinterlegte Bilder haften darauf.

Auf der Magnettafel kann der Erzieher Verläufe durch Verschieben magnetischer Symbole besser verdeutlichen.

### 5. Technische Medien

PC, Laptop, Beamer, CD-Player, Kassettenrecorder, DVDs und Fernsehapparat sollten eine Beschäftigung nicht ausfüllen, sondern, gezielt ausgewählt, Informationen, Problemsituationen und Verläufe darstellen und wiedergeben.

Die Erzieherin sollte mit technischen Medien recht sparsam umgehen, jedoch auf diese sehr plastische, zum Teil auf Bewegung beruhende Veranschaulichung bei bestimmten Beschäftigungen nicht verzichten. Es wäre falsch, die Technik abzulehnen und zu verteufeln. Dafür sollte man die Energie besser darauf verwenden, die Technik zu beherrschen und die Chancen zu nutzen, die sie – sinnvoll und mit Vernunft eingesetzt – bietet.

Medien, die im Kindergarten eingesetzt werden, sollen nicht nur veranschaulichen, sondern auch zur Aktivität anregen.

**Spiel- und Lernmittelangebote für die Praxis**

Für die Erzieherin stellt sich die Frage, durch welche Material-, Spiel- und Lernmittelangebote sie in ihren Beschäftigungen einen möglichst breiten Raum für Selbstbetätigung bieten kann.

Nahezu keine Beschäftigung kommt ohne Medien aus. Sie fordern das Kind zum Handeln heraus und helfen ihm im wahrsten Sinne des Wortes, Zusammenhänge intensiver zu „begreifen“.

Kindliche Aktivität äußert sich in Probieren, Experimentieren, Beobachten, Vergleichen, Wiederholen, Üben, Zusammenbauen, Auseinandernehmen, Befühlen, Betasten, Schmecken und Riechen.

Durch die konkrete Handhabung verschiedenster Gegenstände lernt das Kind seine Umwelt zunehmend besser kennen.

**Materialliste**

Bei der gezielten Förderung kann eine kleine, überschaubare Materialliste helfen, die sich an den Lernbereichen des Kindergartens orientiert:

## Material zur Sozialerziehung

Verkleidungskiste,
Puppentheater,
Arztkoffer,
Bücher,
Kasperlepuppen, Fingerpuppen, Handspieltiere,
Kaufmannsladen, Kinderpost,
Bild- und spezielles Lernmaterial (z.B. „Das Helferspiel“),
Puppenstube mit Zubehör,
Telefone,

Autos aller Art,
Pferdeleinen.

## Material zur Umwelt-, Sach- und Naturbegegnung

Bilderbücher, Bildkarten, Schaubilder,
Gesellschaftsspiele,
CDs mit verschiedenen Geräuschen (Martinshorn, Automotor, Staubsauger, Rasenmäher, usw.),
alle erdenklichen Gegenstände des Haushalts (Küchengeräte, Klingel, Taschenlampe, Spiegel, Uhr usw.),
verschiedene Verschlüsse,
Blumentöpfe, Dosen, Blumenkästen, Blumensamen,
Lupen und Vergrößerungsgläser,
verschiedene Gegenstände aus Holz, Metall und Plastik,
Materialien zur Geräuscherzeugung,
Magnete in Stab-, U-, V- und Hufeisenform,
Aquarium, Terrarium, Herbarium, Tierkäfig (Meerschweinchen, Goldhamster),
Glühbirnen, Batterien, Klingeldraht,
Farben Werkzeuge (z.B. Bohrer, Feilen, Hämmer, Schaufeln usw.),
Fernglas,
Mikroskope, Vergrößerungsgläser,
Bausteine, Klötze, Knetmaterial,
Verkehrskiste, Autos, Verkehrszeichen-Domino,
Luftballons,
Wäscheklammern, Zahnräder,
alte Wecker, altes Radio, alte Telefonapparate,
Messbecher,
Pflanzen (frische und getrocknete Blumen),
Blumensamen,
Steine, Muscheln, Kastanien, Eicheln,
Schwämme,
Stoffreste,
Zahnstocher,
Zucker, Salz, Tee usw.

## Material zur Spracherziehung (siehe auch Sozialerziehung)

Bilderbücher, Bildmaterial, Märchenbücher, Bilder-Spiele,
PC, Telefon,

Radio- oder Fernsehgehäuse,
Kassettenrecorder, Plattenspieler, Schallplatten,
Fotos, Illustrierte, Plakate, Zeichnungen,
Verkleidungskiste,
magnetische Buchstaben, Buchstaben aus Karton.

## Material für den Umgang mit Mengen, Zahlen und Formen

Tierlotto, Märchenlotto,
Memory,
Puzzle (ca. 30 bis 40 Teile),
Fingertipp,
Mosaik,
Kubus und Scheiben,
Fünfeckspiel,
Lochbausteine,
Formen-Domino,
Scheibenpyramide,
Formenspiele,
Rosettenspiel,
Knobelturm,
Sortierkästen,
Steckpuppe, Matrioschka-Puppe,
Bunte Hartholzstecker,
Kaleidoskop,
Holzperlen, Kugeln, Würfel,
Zählkästen,
Farbenkreis,
Walzenstecker, Gewichte, Feder-Waage, Tafel-Waage,
Augen- und Farbenwürfel,
CD-Player, Instrumente,
spezielle Lernspiele (z.B. Mengentrainer),
geometrische Formen aus Plastik zum Zusammenfügen.

## Material zur ästhetischen Erziehung

Farben-Domino,
Buntstifte, Wachsstifte, Bleistifte, Pinsel, Fingerfarben,
Knetmasse, Knetwachs,
Plastilin, Ton,

Glutofix, verschiedene Klebstoffe (Uhu, Tesaband, Leim),
verschiedene Papiersorten (z.B. Buntkarton, Krepppapier, Seidenpapier, Glanzpapier, Transparentpapier),
Wolle, Bast, Stoffe,
Metallfolien,
Werkzeuge (Bohrer, Laubsägen, Scheren, Zangen usw.),
Naturmaterialien (Steine, Kastanien, Blätter, Äste usw.),
Stoffreste, Pelzreste, Knöpfe, Borten,
Abfallprodukte des Haushalts (z.B. Blechdosen, Joghurtbecher, Kartons, Tüten, Kataloge usw.) Strohhalme, Pfeifenreiniger,
Styropor, Pappmaché, Toilettenpapier,
Luftballons.

## Material zur Musik- und Bewegungserziehung

CDs mit Liedern und Tänzen für Kinder,
Triangeln, Schellen,
Trommeln, Handtrommeln,
Cymbeln,
Blockflöten,
Orffinstrumentarium, Montessori-Geräuschbüchsen,
Becken,
Schellenkranz,
Xylophon,
Glocken,
Metallophon,
Kugelrassel,
Klingende Stäbe,
selbstgefertigte Musikinstrumente aus: Joghurtbechern (Rasseln), Tassen, Gläsern und Flaschen, Dosen, Zigarrenkisten, Waschmittelkartons, Blumentöpfen, Kokosschalen, Kochtöpfen usw.

## Material zur Verkehrserziehung

Verkehrskiste, -teppich, -zeichen, -kasperle,
Verkehrszeichen-Domino,
Modellautos,
CDs oder Kassetten mit Verkehrsgeräuschen,
Dias, Filme, Schautafeln,
Roller,
Kinderfahrrad, Kettcar.
(Die Materiallisten lassen sich natürlich beliebig erweitern.)

## Lernzielkontrolle

In der sozialpädagogischen Arbeit bedeutet Lernzielkontrolle nicht etwa Benotung wie in der Schule; vielmehr soll sie Informationen darüber geben, inwieweit die gesetzten Ziele und angebotenen Inhalte von den Lernenden verstanden und verarbeitet wurden.

**Lernzielkontrolle bedeutet erwartetes Endverhalten**

Das Ergebnis von Lernzielkontrollen kann nur das erwartete Endverhalten des Kindes sein. Nicht bei allen Lerninhalten ist eine objektive Kontrolle gegeben. So lassen sich in einer Beschäftigung erworbene Kenntnisse, Wissen und Einstellungen überprüfen; Änderungen des Sozialverhaltens können in einer Beschäftigung nur schwer festgestellt und bewertet werden, zumal sie in ihrer Wirkung langfristiger angelegt sind. Stimmungen und Gefühle, die das soziale Klima und das Leistungsverhalten in der Lerngruppe mitbestimmen, sind nicht objektiv feststellbar und nicht messbar. Sie können nur als persönliche Eindrücke der Erzieherin in der Auswertung der einzelnen Beschäftigung wiedergegeben werden. Lernzielkontrollen lassen sich mündlich, schriftlich und praktisch vornehmen. Die Erzieherin erhält dabei stets Informationen aus zweierlei Sicht:

1. Einerseits handelt es sich um eine Prüfung der Ergebnisse in Form der Erfolgskontrolle; sie sagt etwas darüber aus, wie erfolgreich die Bemühungen der Erzieherin waren.
2. Andererseits geht es um die Überprüfung des Verfahrens, das Auskünfte gibt, wie es die Erzieherin besser machen könnte.

Um zu wissen, ob Sie Ihre gesetzten Lernziele erreicht haben und diese von den Lernenden – hier Kindern – verstanden wurden, bedienen Sie sich der Beobachtung und des Gesprächs.

Aufschlüsse über den Lernerfolg erhalten Sie zum Beispiel durch

**Praktische Möglichkeiten, Lernerfolge zu überprüfen**

- gezielte Fragen am Ende einer Beschäftigung (im Kindergarten natürlich nicht in schulischer Form des Abfragens),
- Arbeitsergebnisse (Aussagekraft, Vollständigkeit des gebastelten Gegenstandes, gemalten Bildes usw.),
- Äußerungen und Wortbeiträge der Kinder,
- neue Lösungen, die während der Beschäftigung von Kindern gefunden werden,

- Anwendung früher erworbener Kenntnisse während der Übung (Transfer),
- die wendige Handhabung des (bisher nicht benutzten) Materials und der Werkzeuge,
- gezeigte Ausdauer bei der Fertigstellung einer Arbeit oder Beteiligung am Gespräch,
- gezeigtes Engagement,
- Aufnahmebereitschaft und Kontaktfähigkeit bei der Beschäftigung.

Der Lernerfolg hängt entscheidend davon ab, ob sich das Kind mit dem Lerngegenstand in angemessener Weise auseinandersetzt. Um dies zu erreichen, müssen Sie dem Kind den Gegenstand, den es lernen und begreifen soll, in einer Weise nahe bringen, durch die es sich wirklich angesprochen fühlt.

# 4 Lernorganisation im Überblick

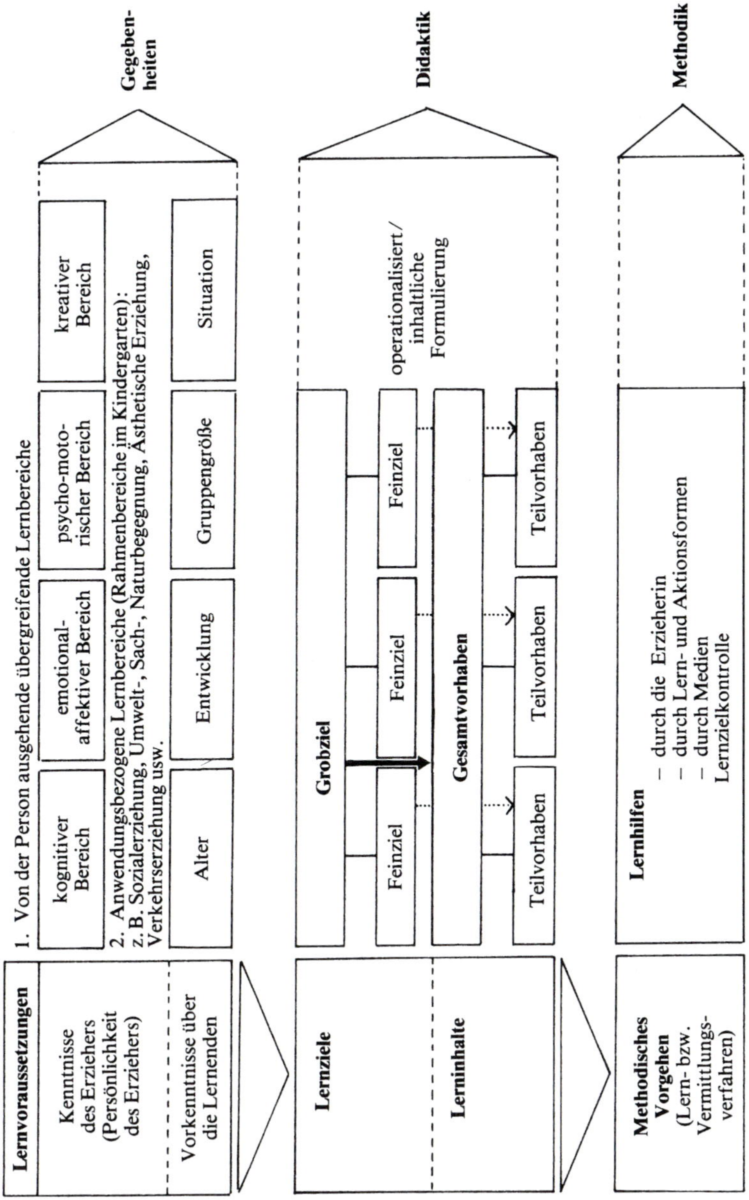

# Planung und Durchführung gezielter Beschäftigungen

Für das planmäßige Aufstellen gezielter Beschäftigungen gibt es regional unterschiedliche Bezeichnungen. Entweder wird von der „Vorbesinnung" oder von der „Didaktischen Analyse" gesprochen. Durch die genaue und ausführliche Planung der gezielten Beschäftigung (zum Teil wird sie auch „Vorhaben", „methodische Übung" oder „zielgerichtete Förderung" genannt) gewinnt der Erzieher zunehmend an Sicherheit bei der Vermittlung seiner Lernangebote.

Während der Erzieher-Ausbildung ist es wichtig, sich intensiv mit ausführlicher Planung auseinanderzusetzen. Die praxiserfahrene Erzieherin wird auf kurz gefasste Aufzeichnungen und Notizen zurückgreifen.

Jeder gezielten Beschäftigung muss eine detaillierte, rationale Planung vorangehen, die sich in mehreren Schritten vollzieht.

**Planungsrahmen nicht als starres Schema auffassen**

Im weitesten Sinn ist der Planungsrahmen für die Erzieherin durch Lernbereiche, Wochen-, Monats- und Jahrespläne grob abgesteckt, wobei sie nicht als starre Schemata aufzufassen sind, sondern als variable und zu modifizierende Faktoren, die die Lernfortschritte im geplanten Verlauf mitsteuern. Die Erzieherin ist hier in ihrer Arbeit wesentlich freier als der Lehrer, der stärker an Richtlinien, Lehr- und Stoffverteilungspläne gebunden ist. Wenn Sie Lernprozesse auslösen und erfolgreich beenden wollen, sind Sie auf eine planvolle Vorbereitung und Steuerung von Aktivitäten angewiesen. Im Kindergarten haben Sie immer die Möglichkeit, situativ sich anbietende Gelegenheiten und spontane Bedürfnisse sinnvoll mit einzuarbeiten, indem Sie Situationen sammeln, auswählen und umsetzen.

**Planung befreit vom Angewiesensein auf Zufälle!**

Der Bauhaus-Architekt Gropius bezeichnete Planung nicht als Festlegen, sondern als Offenhalten für die Zukunft. Sie befreit somit von dem Angewiesensein auf Zufälle und von den Zwängen des Augenblicks. Eine richtige Planung engt nicht ein und macht auch nicht unfrei.

Bei der Planung und Durchführung gezielter Beschäftigungen wie auch bei der Bearbeitung von Situationen muss die Erzieherin

- das Modell der Lernorganisation beherrschen, umsetzen und übertragen können;
- die Gruppe, mit der er zusammenarbeitet, beobachten und erzieherische Einwirkungsmöglichkeiten ermitteln;
- Materialien, Hilfsmittel und Medien auswählen und beurteilen können;
- Bereitschaft zum Gespräch, zur Einsicht und zur Selbstkritik besitzen;
- eigenes Erzieherverhalten beobachten, analysieren, begründen und gegebenenfalls ändern können.

Die Durchführung gezielter Beschäftigungen ist auch mit Bedingungen verbunden, die die Erzieherin in sich selbst trägt. Hierzu gehören

- augenblickliche Grundstimmung und Einflüsse auf ihre Person,
- eventuelle Hemmungen und/oder Kontakt-Ängste,
- Temperament,
- Neigungen und Fähigkeiten.

**Was will der Erzieher mit der Beschäftigung erreichen?**

Mit der gezielten Beschäftigung will die Erzieherin erreichen, dass der Lernende

- eine positive Einstellung zum Lerngegenstand entwickelt,
- mehr weiß als vorher,
- eine Fertigkeit entwickelt, die er zuvor nicht besaß,
- etwas versteht, was er vorher nicht verstand,
- an Dingen Interesse findet, zu denen er vorher keine Beziehung hatte.

Die gezielte Beschäftigung als Regelkreis:

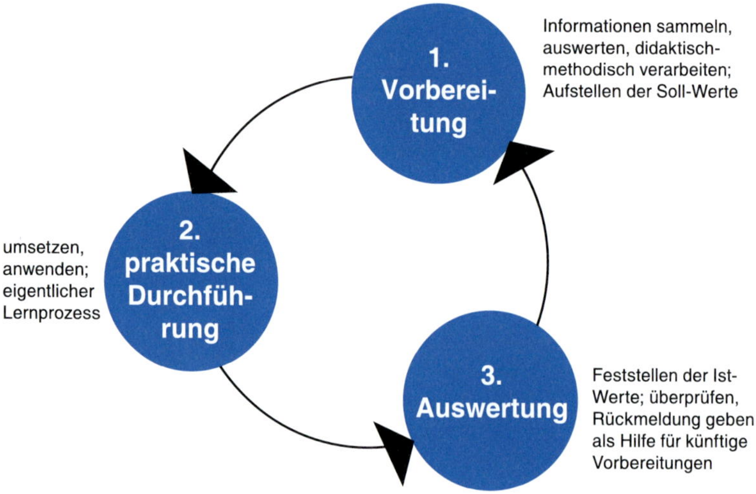


Eigentlich müsste in diesem Regelkreis die Erzieherpersönlichkeit noch besonders herausgestellt werden, von der ein Beschäftigungserfolg entscheidend beeinflusst wird.

Eine kontaktarme, vergrämte Erzieherin wird zum Beispiel weniger erfolgreich sein als eine gern mit Kindern umgehende Erzieherin mit entsprechendem Selbstvertrauen und einer kontaktbereiten, freundlichen Grundstimmung.

## Didaktische Analyse

Keine gezielte Beschäftigung kann zulänglich begründet und pädagogisch ergiebig gestaltet werden, ohne dass die Erzieherin ihr beabsichtigtes Thema auf ihre Stellung im Zusammenhang des betreffenden Lernbereichs, auf ihren Bildungssinn und ihren Bezug zur jeweiligen kindlichen Geisteslage durchdacht hat.

**Beschäftigungsvorbereitung**

Die didaktische Analyse ist der Kern der Beschäftigungsvorbereitung. Durch sie kann die Erzieherin alle am Beschäftigungsgeschehen beteiligten Faktoren kontrollieren und ihr Vorgehen vernünftig planen. Die didaktische Analyse umfasst folgende Gesichtspunkte:

Gliederungsvorschlag

1. Zeit beziehungsweise Stellung im Tagesablauf
2. Dauer der Beschäftigung
3. Angaben zur Gruppe
4. Raumgestaltung und Raumskizze
5. Thema
6. Aufgabe
7. Lernziele
8. Vorbereitung
   (a) zu Hause
   (b) im Kindergarten
9. Materialien
10. Geplanter Verlauf (methodisches Vorgehen)
    (a) Einstieg
    (b) Hauptteil
    (c) Schluss
11. Literaturangabe
12. Reflexion

## 1 Zeit beziehungsweise Stellung im Tageslauf

Die gezielte Beschäftigung sollte nicht nur in einer festgelegten Zeit, sondern auch zur passenden Zeit durchgeführt werden; insbesondere dann, wenn die Gruppe oder das einzelne Kind sie braucht. Die gezielte Beschäftigung kann nach der Freispielzeit liegen oder auch durch eine aktuelle Situation ausgelöst werden.

Da Aggressionen oder Unruhe einzelner Kinder nicht selten die Folge unterdrückter Bewegungsbedürfnisse sind, sollten sie vor der Durchführung der Beschäftigung genügend Zeit erhalten, um zu toben und ihre überschüssigen Kräfte abzureagieren.

## 2 Dauer der Beschäftigung

Sie ist abhängig von den jeweiligen Inhalten, dem Alter, dem Entwicklungsstand und der augenblicklichen Leistungsfähigkeit der Kinder, der besonderen Situation des Tages, dem Wetter, der Jahreszeit und nicht zuletzt von der Fähigkeit des Erziehers. Je älter die Kinder sind und je länger sie den Kindergarten bereits besuchen, desto länger kann die durchschnittliche Dauer der gezielten Beschäftigung sein. Als Richtwert lassen sich 15 bis 45 Minuten nennen.

Besonders die 5- bis 6-jährigen Kinder brauchen die Beschäftigung, während sie bei den 3- bis 4-jährigen Kindern sparsamer durchzuführen ist.

Mit zunehmendem Alter der Lernenden können Lernprozesse gemeinsam geplant werden (z.B. im Hort). Wenn schon Mündigkeit und Selbstständigkeit das anzustrebende Erziehungsziel sind, so bietet sich hier ein erster konkreter Ansatz unmittelbarer Mitbestimmung.

## 3 Angaben zur Gruppe

Informieren Sie sich über die Gruppe; lernen Sie die Kinder kennen. Wenn Sie noch nicht auf eigene Beobachtungen zurückgreifen können, sprechen Sie mit der Gruppenleitung.

Bei der Auswahl der Kinder für die Beschäftigung müssen die Gegebenheiten der Einrichtung berücksichtigt werden.

**Lernvoraussetzungen**

Die Lernvoraussetzungen der Gruppe sind:
- Anzahl der Teilnehmer,
- Alter und Geschlecht der Teilnehmer,
- bereits vorhandene Kenntnisse beziehungsweise entwickelte Fähigkeiten im Hinblick auf die geplante Beschäftigung (sind themenbezogene Förderungen vorausgegangen?),
- Besonderheiten in der Gruppe (z.B. vorwiegend neue Kinder).

## 4 Raumgestaltung und Raumskizze

**Lern-Atmosphäre**

Lernen ist nicht nur ein Vorgang des Denkens, des reinen Verstandes. Auch die emotional-affektive Seite ist maßgeblich an Lernvorgängen beteiligt. Die räumlichen Verhältnisse (Lernumwelt) verdienen deshalb bei Ihrer Planung besondere Beachtung. Eine angenehme Atmosphäre wird mit bestimmt durch die Raumgestaltung, Beleuchtung, Belüftung, die Anordnung der Sitzgelegenheiten und durch ein freundliches Klima.

Bitte überlegen Sie:

- Ist der Raum groß genug/zu klein für mein Vorhaben?
- Kann die Gruppe in mehrere Untergruppen aufgeteilt werden?
- Müssen Veränderungen vorgenommen werden (Tische, Stühle, Stellwände)?

Passen Sie die Gruppenstärke der Größe des Raumes an. Wählen Sie einen für Ihr Vorhaben zweckmäßigen Raum. Begründen Sie die Wahl Ihrer Sitzordnung und fertigen Sie eine Raumskizze an.

## Raumskizze mit geplanter Sitzordnung (Kinder/Erzieherin)

Gespräch im Stuhlkreis

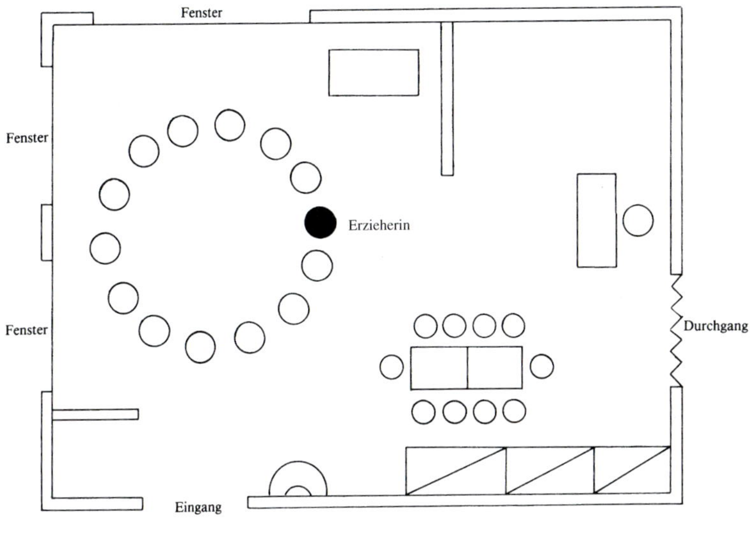


## 5 Thema

Bei der Planung gezielter Beschäftigungen können wir nicht nur die einzelne Übung für sich sehen, sondern müssen sie als Bestandteil eines beziehungsweise mehrerer Lernbereiche verstehen, die sich über einen längeren Zeitraum erstrecken (Vernetzung).

Die einzelnen Beschäftigungen sollten deshalb in die anwendungsbezogenen Lernbereiche (Rahmenbereiche) hineinpassen. Da sich dieser Grundsatz nicht immer einhalten lässt – es gibt häufig Überschneidungen –, muss die Erzieherin besonders auf die schwerpunktmäßige Einhaltung des Gesamtplanes achten.

In der didaktischen Analyse wird das Thema inhaltlich erläutert und näher beschrieben; zum Beispiel:

## ❖ Thema „Obst im Herbst"

**Fragen nach dem Sinn des Themas**

Die didaktische Analyse stellt auch stets die Frage nach dem Sinn des Themas:

1. Welche Bedeutung hat der Inhalt für die Kinder? Worin liegt die Bedeutung des Themas für die Zukunft der Kinder?
2. Wie wird die Wahl des Themas begründet (z.B. jahreszeitlich bedingt)?
3. Wofür soll das Thema exemplarisch, typisch oder repräsentativ sein?
4. Ist das geplante Thema (oder sind Teile davon) den Kindern bekannt? Spielt es eine lebendige Rolle im Leben der Kinder?

**Sachanalyse**

Das Thema der Beschäftigung muss von der Erzieherin abgegrenzt und durchdrungen werden (Sachanalyse); Informationen müssen zusammengetragen und ausgewertet werden. Das Sachwissen über das zu vermittelnde Thema bringt die Erzieherin durch bisherige Erfahrungen mit ein oder eignet es sich durch Bücher, Lexika und andere Informationsträger an (siehe S. 89ff. „Anfertigung der schriftlichen Ausarbeitung"). Dabei genügt es nicht zu wissen, „was" man vermitteln will, sondern auch „wie" das Wissen an die Kinder herangebracht werden soll. Ebenso muss an die Lebenssituation der Kinder gedacht werden (siehe S. 34ff. „Lernorganisation").

Aus der Fülle an Sachinformationen, die es zu einem Thema (z.B. „Herbst") gibt, müssen einige schwerpunktmäßig (exemplarisch) herausgezogen und vertieft werden. Hierbei ist nicht nur die sachlich richtige Darstellung von erheblicher Bedeutung, sondern auch die Benennung und Erläuterung durch die Erzieherin.

Fragen Sie sich auch einmal, wie Ihre innere Einstellung zu dem Thema ist, das Sie an die Kinder herantragen wollen.

## 6 Aufgabe

Aus dem Gesamtthema entsteht die Aufgabe oder das Angebot für die gezielte Beschäftigung. Unser Beispiel war:

### Obst im Herbst (Thema)

### Herstellung eines Obstsalates (Aufgabe)

Die Wahl der Aufgabe muss begründet werden (z.B.: Der Schwierigkeitsgrad ist dem Alter, dem Entwicklungsstand und dem Interesse der Kinder angepasst).

## 7 Lernziele

Die Lernziele werden von der Erzieherin gesetzt. Dabei werden sich die Grobziele an den anwendungsbezogenen Lernbereichen (Rahmenbereichen im Kindergarten) orientieren.

**Genaue Formulierung der Feinziele**

Aus den Grobzielen leiten Sie die Feinziele ab, wobei Sie wissen: „Je genauer ich meine Feinziele formuliere, umso größer ist die Wahrscheinlichkeit, dass meine Beschäftigung erfolgreich verläuft.“ Setzen Sie sich für eine Beschäftigung nicht zu viele Feinziele. Denken Sie daran, dass der zeitlich gesteckte Rahmen zur Erreichung der Ziele nicht ausreichen kann und die Kinder überfordert werden. Hier ein Beispiel aus der Bewegungserziehung:

### Grobziel

Das Kind führt die ihm gemäßen Grundbewegungsarten aus.

### Feinziele

Das Kind

- kann sich in aufrechter Haltung fortbewegen, indem es geht, läuft, hüpft, springt, sich dreht und steigt;
- kann sich am Boden fortbewegen durch Rutschen, Krabbeln, Kriechen, Robben, Rollen;
- gebraucht die Hände und Füße gleichzeitig und unabhängig voneinander, in dem es tastet, greift, wirft, fängt, sich abstützt;
- kann das Körpergewicht verlagern, mit Gegenständen balancieren und Schwungbewegungen ausführen.

## 8 Vorbereitung

(a) Zu Hause zum Beispiel

Die geplante Beschäftigung

- gründlich durchdenken,
- gründlich beschreiben,

- möglichst selber ausprobieren,
- methodisch richtigen Ablauf aufbauen,
- Zubehör rechtzeitig besorgen beziehungsweise anfertigen,
- mit der Gruppenleitung über Teilnehmer, Raum, Platz und Zeit sprechen.

(b) Im Kindergarten zum Beispiel

- Stühle und Tische rechtzeitig bereitstellen.
- Findet die Beschäftigung an Tischen statt, so müssen die Arbeitsflächen überschaubar sein.
- Die Arbeitsflächen müssen mit einer abwaschbaren Oberfläche versehen sein beziehungsweise je nach Vorhaben mit Wachsdecken oder Zeitungspapier abgedeckt werden.
- Beugen Sie möglichen Gefahren vor, indem Sie nur intaktes Werkzeug einsetzen. Beim Umgang mit Kerzen zum Beispiel müssen ein Wassereimer und eine Wolldecke greifbar platziert sein.
- Vor der Durchführung die Kinder austoben lassen, sie dann zur Ruhe führen und gegebenenfalls dabei sinnvolle Hilfe bieten.
- Eventuell vorher Hände waschen, Schürzen umbinden und Ärmel aufkrempeln (besonders beim Umgang mit Farben und Klebstoff, beim Backen eines Kuchens usw.).
- Vor der Durchführung gezielter Beschäftigungen außerhalb des Kindergartens sind die Eltern der Kinder rechtzeitig zu informieren (gegebenenfalls Hinweise geben auf Geld für Busfahrt, spezielle Kleidung, Ankunftszeit). Am Tag der Durchführung: Vor dem Losgehen Kinder zur Toilette schicken; jedem Kind Zettel mit Anschrift/Telefonnummer des Kindergartens mitgeben; vor dem Losgehen Teilnehmerzahl überprüfen.

## 9 Material

Gleichgültig, welche Materialien, Medien, Werkzeuge und Hilfsmittel Sie als Erzieherin auch einsetzen, sie sollten auf ihre Bedeutung für die Realisierung Ihrer Ziele hin überprüft werden.

**Anreize bieten**

Wählen Sie Materialien, die Kinder ansprechen, die auf Kinder starke Anreize zur Äußerung ausüben und einen Aufforderungscharakter zum Handeln besitzen.

Durch den Umgang mit verschiedenen Materialien und Medien macht das Kind wichtige Sacherfahrungen. (Ein umfangreiches Spiel- und

Lernmittelangebot finden Sie in: P. Thiesen, Arbeitsbuch Spiel für die Praxis in Kindergarten, Hort, Heim und Kindergruppe. Köln, 8. Aufl. 2014.)

Wir unterscheiden:

- Material (Arbeitsmaterial): zum Beispiel Papier, Karton
- Medien: zum Beispiel selbst angefertigtes Anschauungsmaterial wie Bildtafeln, Schauobjekt; technische Geräte wie Dia-Projektor und Kassettenrecorder
- Werkzeuge (Arbeitsgeräte): zum Beispiel Schere, Messer, Pinsel
- Hilfsmittel: zum Beispiel Kittel, Schürze, Wachsdecke, Unterlagen

**Anregungen für die Materialvorbereitung**

Was ist bei der Materialvorbereitung zu beachten?

- Materialien, die Sie einsetzen, müssen für die Kinder leicht zu bearbeiten und in genügender Menge vorhanden sein.
- Wenn Sie bestimmte Materialien erstmals einsetzen, müssen Sie überprüfen, ob sich das Material für die beabsichtigte Technik eignet und von den Kindern bewältigt werden kann.
- Das Material muss übersichtlich auf dem Tisch ausgebreitet sein, damit dem Kind die Auswahl und eine selbstständige Versorgung erleichtert werden (z.B. durch Einsatz von Materialschalen).
- Material sollte immer wiederholt angeboten werden. So lassen sich Erfahrungen ausbauen und festigen (Übungsprinzip).
- Werkzeuge und Arbeitsgeräte müssen auf ihre Funktionsfähigkeit und Brauchbarkeit überprüft werden. Probieren Sie die Geräte aus.
- Technische Medien sollten Sie vor dem Einsatz auf ihre Funktionsfähigkeit hin prüfen. Die Kinder sind enttäuscht, wenn aus der angekündigten Dia-Schau nichts werden kann, weil Sie womöglich versäumt haben, die defekte Projektionslampe auszuwechseln.

## 10 Geplanter Verlauf (methodisches Vorgehen)

### (a) Einstieg

Wie soll die gezielte Beschäftigung begonnen werden? Wie werden die Kinder motiviert?

**Einstiegsmotivation**

Methoden zum Einstieg:

- Kindern mitteilen, worum es gehen soll; Informationen zum Thema geben, den zu behandelnden Bereich kurz erläutern, die Richtung anzeigen;

- Neugier wecken und Fragen stellen;
- Motivieren und Hinführen, zum Beispiel durch das Experimentieren mit einem neuen Material vor der eigentlichen Beschäftigung; durch das Hinstellen fertiger Produkte; durch ein Rätsel.

Bei der Durchführung einer gezielten Beschäftigung ist es immer sehr hilfreich, wenn der zu behandelnde Bereich mit einigen Worten vom Erzieher umrissen wird, zum Beispiel: „Heute wollen wir einmal sehen, wie die Menschen auf einem Bauernhof leben und arbeiten.“ Diese gedankliche Lenkung soll nicht etwa „gängeln“, sondern den Kindern zu erkennen geben, wo es „hingeht“. Sie werden somit immer auf den „roten Faden“ zurückgeführt.

### (b) Hauptteil

Im Hauptteil wird der chronologische Aufbau und Ablauf des Vorganges von der Erzieherin beschrieben; das heißt, es muss genau nachvollziehbar sein, was Sie nacheinander tun und in Gang setzen, um die aus den Lernzielen entwickelten Inhalte und Aufgaben an die Kinder heranzubringen. Auch der methodische Weg und der Einsatz der Materialien und Medien werden an dieser Stelle beschrieben.

Methoden zur Information, Erarbeitung und Vertiefung (siehe auch S. 34ff. „Lernorganisation“):

**Methoden zur Information**

- „Erziehervortrag“ (Darbietung durch die Erzieherin),
- erarbeitendes Gespräch,
- Allein- beziehungsweise Einzelarbeit,
- Partnerarbeit,
- Gruppenarbeit,
- Spiel.

} Mischformen sind möglich.

Methodenwechsel erhöht die Motivation; die Vorgehensweise muss den Kindern jedoch klar gemacht werden.

### (c) Schluss

Wie wird die Beschäftigung beendet?

**Zum harmonischen Schluss führen**

Die Erzieherin sollte die Beschäftigung zu einem harmonischen Schluss führen. Bei Beschäftigungen, die vorwiegend durch Einzelarbeit geprägt sind, kann das abschließende Gespräch für einen guten Ausklang sorgen.

Der Schluss kann Erkenntnisse, die in der Beschäftigung gesammelt wurden, vertiefen.

Methoden der Lernzielkontrolle:

- Zusammenfassungen durch die Erzieherin bei Beschäftigungen, die sich vorwiegend im kognitiven Lernbereich bewegen.
- Beim Werken und Gestalten zum Beispiel eignet sich eine abschließende Betrachtung der fertigen Ergebnisse.

**Nacharbeiten**

Bei den meisten Beschäftigungen müssen noch Nacharbeiten wie zum Beispiel das Aufräumen erledigt werden; die Erzieherin muss entscheiden und begründen, ob sie die Nacharbeiten allein, mit einigen Kindern oder mit der Gesamtgruppe durchführen will.

## 11 Literaturangabe

Führen Sie grundsätzlich alle Bücher auf, die Sie für die Vorbereitung Ihrer Beschäftigung benutzt haben. Für eine weitergehende Beschäftigung mit dem von Ihnen behandelten Thema können die Literaturangaben sehr nützlich sein.

Folgende Angaben sind wichtig: Verfasser beziehungsweise Herausgeber, Titel (evtl. Untertitel), Verlag, Erscheinungsort, Erscheinungsjahr und Auflage.

## 12 Reflexion

**Auswertung**

Nach der Durchführung erfolgt die Reflexion beziehungsweise Auswertung der Auswertung Beschäftigung. Dabei geht es unter anderem

- um die besondere Situation während der Beschäftigung,
- um Abweichungen vom eigentlichen Verlauf der Beschäftigung,
- um das Erzieherverhalten,
- um die Frage, was die Erzieherin in einer ähnlichen Beschäftigung unter ähnlichen Bedingungen anders machen würde. (Ausführliche Angaben hierzu finden Sie im Kapitel „Auswertung gezielter Beschäftigungen“, S. 80ff.)

# Auswertung gezielter Beschäftigungen

Nach der Durchführung einer gezielten Beschäftigung wird sich die Erzieherin fragen, ob die von ihr gesetzten Ziele erreicht wurden, die gewählten Inhalte den Bedürfnissen der Kinder entsprachen, ob das Vorgehen in nachvollziehbare Schritte aufgegliedert war und welches Verhältnis zwischen Erzieherin und Kindern bestand.

Während der Durchführung Ihrer Beschäftigung stehen Sie handelnd mitten im Geschehen. Dabei beobachten Sie auch das Verhalten der Kinder.

Nicht selten sind Verhaltensauffälligkeiten und Reaktionen, die Sie bei den Kindern feststellen, Folgewirkungen Ihres eigenen Erzieherverhaltens. Aus diesem Grund sind Sie gefordert, Ihr Verhalten in pädagogischen Situationen stets selbstkritisch zu überprüfen und gegebenenfalls zu ändern.

**Welche Auskünfte gibt die Selbstbeobachtung**

Die Selbstbeobachtung gibt Ihnen erste Informationen:

- Wie ist meine innere Einstellung zu dem Thema, das ich an die Kinder heranbrachte?
- Höre ich geduldig zu?
- Neige ich dazu, Kinder durch zu schnelle Äußerungen von mir wegzudrängen?

- Bin ich zu dominant?
- Bringe ich mehr Verbaläußerungen ein als die Kinder? Warum?
- Setze ich genügend Verstärkungen ein (Lob, Bekräftigung, Anerkennung, Zuwendung)?
- Bevorzuge ich bestimmte Kinder während der Beschäftigung? Welche? Warum?
- Bin ich mehr am Vermitteln von Informationen oder mehr am Einhalten der Disziplin interessiert gewesen?

Das Auswertungsgespräch mit Kolleginnen, Anleitern und Dozenten während der Ausbildung gewährleistet eine noch bessere Selbstkontrolle als die Selbstbeobachtung. Der Berufsanfänger lernt so Verhaltensmöglichkeiten besser kennen, wird sich seines eigenen Sprachverhaltens und methodischen Vorgehens bewusster und erweitert sein aktives Verhaltensrepertoire als Erzieher.

**Rückmeldung**

Wichtig für den Durchführenden ist eine ehrliche Rückmeldung. Ist die Beobachtergruppe völlig kritiklos oder mag sie ihm nicht weh tun, dann findet sie die Beschäftigung „ganz toll". Das stimmt nicht und nützt auch niemandem.

Bei jeder Beschäftigung werden wir Dinge beobachten können, die nicht mit den eigenen Vorstellungen von einer effektiven Beschäftigung übereinstimmen. Solche Beobachtungen sind unvermeidlich. Die Auswertung einer gezielten Beschäftigung soll der Praktikantin nicht den Mut und die Lust nehmen, sondern ihr helfen, es das nächste Mal anders beziehungsweise besser zu machen. Niemand lässt sich gern seine Schwächen vorhalten. Versuchen wir objektiv und milde zu sein, ohne dabei berechtigte Mängel aus falsch verstandener Solidarität zuzudecken. Die Beobachtergruppe, die auf ihre Aufgabe vorbereitet wurde, hilft mit sachlicher Kritik.

**Sachliche Kritik**

An dieser Stelle noch ein Wort zum Beobachter-Verhalten während der Beschäftigung: Die Beobachter müssen sich bei der Durchführung ruhig verhalten und so sitzen, dass der Ablauf der Beschäftigung nicht gestört wird. Zwiegespräche verunsichern den Durchführenden und lenken die Lernenden ab. Wichtig ist auch, dass jeder Beobachter ein gutes Sichtfeld hat, um die Mimik, Gestik und Körperbewegungen des agierenden Kollegen beobachten zu können.

# Beobachtungs- und Beurteilungskriterien

Beobachtungs- und Beurteilungskriterien erfassen mehr oder weniger umfangreich eine Vielzahl von einzelnen Gesichtspunkten des Gesamtgeschehens einer Beschäftigung. Es kann erforderlich sein, auch hier nicht genannte Kriterien zur Grundlage eines Auswertungsgesprächs zu machen. Natürlich können Sie auch nicht alle der im folgenden Kriterienkatalog genannten Beobachtungspunkte während einer Beschäftigung kontrollierbar abstellen oder verändern. Um Probleme und Fehler einzuschränken oder auszuschalten, ist es jedoch wichtig, sie zu kennen und genau zu bestimmen. Wenn Sie dies erst einmal erreicht haben, können Sie künftig besser Entscheidungen über angemessene Maßnahmen treffen.

**Fehler ausschalten**

Der Sinn der Kriterienliste wäre gänzlich verfehlt, wenn sie im Sinne des „Abhakverfahrens" rein mechanisch benutzt würde. Die einzelne Studierende als Beobachterin steht zu Beginn dem Geschehen kaum in gleichbleibender distanzierter Weise gegenüber, auch wenn die gleichzeitige Anwesenheit mehrerer Beobachter die Objektivität der Rückmeldung in der Regel erhöht. Beobachtungs- und Beurteilungskriterien bereiten die Beobachter auf ihre Aufgabe vor, fördern die Aufnahme- und Beobachtungsfähigkeit und sind eine Hilfe, qualifiziert Rückmeldungen zu geben.

**Kriterienkatalog**

Der Kriterienkatalog umfasst:

1. Lösung der didaktischen Aufgabe,
2. pädagogisches Verhalten,
3. methodisches Vorgehen,
4. zusammenfassende Beurteilungskriterien.

## 1 Lösung der didaktischen Aufgabe

**Zielangabe**

### (a) Zur Zielangabe

- Wurden die Ziele richtig gesetzt?
- Ließ die Zielsetzung eine pädagogische Absicht erkennen?
- War die Zielsetzung dem Entwicklungsstand der Kinder angemessen?
- Wurden die angestrebten Ziele voll erreicht im Hinblick auf
  (1) Gruppe (2) Thema (3) Methode?

- Gab es begründete/unerkannte Abweichungen?
- In welchem Umfang wurden Lernziele operationalisiert?
- Wurden die angegebenen Lern- und Verhaltensziele in den verschiedenen Lernbereichen erreicht?

### (b) Zum Inhalt

**Inhalt**

Entsprach er

- den Bedürfnissen der Kinder,
- den Interessen der Altersstufe,
- dem Entwicklungsstand,
- der Gruppensituation,
- den umrahmenden Vorhaben (Wochenplan),
- der Jahreszeit?

Unterstützte er die Arbeit in Bezug auf das erstrebte Gesamterziehungsziel?

Wurde bei der Auswahl der Inhalte der gesamte Lernbereich berücksichtigt?

Zeigte er in der Auswahl Originalität?

War er sachgerecht begrenzt nach Zeit und Ausmaß?

### (c) Zur Vorbereitung

**Vorbereitung**

Wurden die theoretischen und praktischen Vorbereitungen durchdacht?

War die Vorbereitung

- gründlich,
- oberflächlich,
- umfassend,
- unvollständig,
- rechtzeitig,
- zu spät?
- Wurden die Kinder berechtigterweise einbezogen?

## 2 Pädagogisches Verhalten

**Erzieher-Kind-Verhältnis**

Wodurch war das Erzieherin-Kind-Verhältnis gekennzeichnet?

Welcher Erziehungsstil wurde gewählt?

Wirkte die Erzieherin

- kontaktfreudig,
- kontaktarm,
- kontaktbereit,
- distanziert,
- reserviert?

Wie war die Haltung der Erzieherin (z.B. gerecht, freundlich, verständnisvoll, originell, anregend, optimistisch)?

Entwickelte sie Umsicht?

Beobachtete sie intensiv; gewann sie Übersicht?

Wurde die Gruppensituation von der Erzieherin überblickt und aufgegriffen?

Schenkte sie allen Kindern Beachtung, vernachlässigte sie einige, wurden andere zu stark beachtet?

Wurde absichtlich etwas übersehen – bewusst/unbewusst?

**Sprechweise**

Waren die Sprache und Sprechweise

- deutlich/undeutlich,
- humorvoll,
- stockend/fließend,
- natürlich,
- lebendig/monoton,
- zu laut/zu leise/zu schnell?

Bestanden sprachliche Fehler?

**Sprachniveau**

War das Sprach- und Erklärungsniveau

- kindgemäß,
- kindisch,
- kindlich,
- zu anspruchsvoll?

**Ausdrucksweise**

War die Ausdrucksweise

- sachgerecht,

- anschaulich,
- verniedlichend,
- abstrakt?

Mimik und Gestik

**Mimik und Gestik**

- natürlich/unnatürlich,
- träge,
- heftig/stumpf,
- schwach,
- lebhaft/ruhig,
- neutral,
- hektisch?

Bestand eine Eigenständigkeit in Meinung und Tätigkeit?

Wirkte die Erzieherin sicher/unsicher/überheblich?

War der Kontakt zu den Kindern lebhaft, freudig, freundlich, gleichgültig, erzwungen herzlich, verhalten?

Zeigte die Erzieherin Einsatzbereitschaft und Einsatzfreude?

Wie reagierte die Erzieherin auf Konflikte? Wurde notwendige Selbstbeherrschung geübt?

Entwickelte sie Einfühlungsvermögen, geistige und körperliche Beweglichkeit?

## 3 Methodisches Vorgehen

**Motivation**

Wie wurden die Kinder durch den Einstieg motiviert?

Wirkte die Einführung motivierend? Wodurch?

War sie originell? War sie zielgerichtet? Stand sie im richtigen Verhältnis zur Durchführung?

Erschien sie langweilig/allgemein?

War im methodischen Aufbau ein Artikulationsschema zu erkennen?

War der Raum zu groß/zu klein?

War die Sitzordnung richtig gewählt? Hatte jedes Kind genügend Spiel- und Arbeitsfläche?

War der Aufbau des Angebotes klar gegliedert?
Hatte die Beschäftigung einen Spannungsbogen?

**Lernschritte**

Wurde das Vorhaben in sinnvolle und nachvollziehbare Lernschritte aufgegliedert?

Wurde zuviel auf einmal verlangt?

**Medien**

Welche Medien, Materialien, Spiel-, Lern- und Arbeitsmittel kamen zum Einsatz?

Waren sie richtig ausgewählt und eingesetzt im Hinblick auf:

- Anschaulichkeit,
- Phantasieanregung,
- Klarheit,
- Schwierigkeiten,
- Aufforderungscharakter,
- Zielangemessenheit?

**Material**

Wurde das Material rechtzeitig bereitgelegt; übersichtlich angeordnet?

Wurden Anweisungen zur Benutzung des Materials gegeben?

Fehlten Medien, um die Anschaulichkeit zu verbessern?

- Welches Material beziehungsweise Umgang mit welchem Material hat die Kinder besonders motiviert?

Geschah Hilfeleistung

- weiterhelfend,
- die Selbstständigkeit hemmend,
- fertigstellend?

**Fragestellung**

Arbeitete die Erzieherin vorwiegend mit Impulsen oder Fragen?

Wurden Doppel- oder Suggestivfragen gestellt?

Wurden Äußerungen und Fragen der Kinder

- angemessen aufgenommen,
- anerkannt,
- übergangen,
- abgelehnt (absichtlich/unabsichtlich)?

Hat die Erzieherin zu Fragen ermuntert?

Wurden Fragen und Antworten der Kinder sinnvoll unterstrichen/verstärkt/gedankenlos nachgesprochen oder in den Verlauf der Beschäftigung einbezogen?

Legte die Erzieherin Wert auf selbstständiges Handeln der Kinder?

Erhielten die Kinder Gelegenheit zur Einzelinitiative?

Konnten schöpferische Aktivitäten beobachtet werden?

Wurden Inhalte unnötig vorgegeben?

Wie wurden Leistungen und Wortbeiträge gewürdigt?

Mussten die Kinder über einen längeren Zeitraum inaktiv sein?

Welche Fähigkeiten und Fertigkeiten wurden in der Beschäftigung vorwiegend angesprochen?

Überwiegend

- kognitive,
- praktische,
- emotionale,
- imaginative,
- soziale?

Ordnete die Erzieherin

- alles selbst,
- vorwiegend allein,
- mit den Kindern?

Wurden Gefährdungen erkannt/ihnen vorgebeugt?

Achtete die Erzieherin auf Sauberkeit und Ordnung?

Kam die Arbeit zu einem sinnvollen Abschluss

- ruhig entwickelnd,
- künstlich gezwungener Schluss,
- plötzlicher Abbruch?
- Wurden die Kinder am Aufräumen beteiligt? In welchem Umfang?

## 4 Zusammenfassende Beurteilungskriterien

Zeigte die praktische Arbeit eine intensive Auseinandersetzung mit dem Stoff? Waren

- gründliches Vorgehen, pädagogisches Verständnis vorhanden oder
- wurde die Arbeit als Experimentierfeld angesehen und mit Reserven gearbeitet?

Zeigte die eigene mündliche Stellungnahme beim Auswertungsgespräch

- Fähigkeiten zur Selbstbeobachtung,
- Reflexionsfähigkeit,
- Bereitschaft und Fähigkeit zur Selbstkritik?

Waren diese Fähigkeiten

- vorhanden,
- punktuell vorhanden,
- umfassend vorhanden?
- Wie wurde vom Studierenden Fremdkritik aufgenommen?

# Misserfolge in Erfolge umwandeln

## An eine Praktikantin

„Der Erfolg Ihrer gezielten Beschäftigung hängt entscheidend von Ihrer eigenen Motivation ab. Hierzu gehören Interesse und Freude an der Sache, Selbstvertrauen, eine angemessene Selbsteinschätzung der eigenen Fähigkeiten und etwas Mut.

Natürlich wird es auch hin und wieder einmal Misserfolge geben. Werden Sie nicht mutlos! Auch Schwierigkeiten sind Impulse, das eigene Verhalten zu überprüfen und vielleicht einen anderen Weg einzuschlagen.

Jeder Lernende hat das Recht, sich einmal zu irren – auch die angehende Erzieherin! Versuchen Sie bei der Auswertung Ihrer Beschäftigung Einsicht in die Hintergründe eines möglichen Misserfolgs zu erhalten. Durch ein intensives Gespräch, bei dem mögliche Fehler genau analysiert werden, können Sie Misserfolge in Erfolge umwandeln.

Das Gespräch hilft Ihnen und Ihren Kolleginnen, gleiche oder ähnliche Fehler künftig zu vermeiden."

# Anfertigung der schriftlichen Ausarbeitung

Je mehr von uns erwartet wird, je verantwortungsvoller unsere Tätigkeit ist, desto größer sind die Anforderungen im schriftlichen Ausdruck.



Die angehende Erzieherin kommt nicht umhin, sich schriftlich auf eine gezielte Beschäftigung vorzubereiten. Darüber hinaus gilt es, Referate zu halten, Protokolle und Berichte anzufertigen. Nicht zuletzt entscheidet die Art ihrer schriftlichen Bewerbung mit darüber, ob sie nach seiner Ausbildung von einem Träger zum Einstellungsgespräch eingeladen wird.

Ein klarer und durchsichtiger Stil zeugt von klaren Gedanken. Wer in der Lage ist, eine übersichtliche, exakt und flüssig geschriebene Ausarbeitung anzufertigen, ist anderen überlegen. Beginnen Sie rechtzeitig mit Ihrer Ausarbeitung; nicht erst zwei Tage vor der Durchführung! Wenn Sie sich selbst unter Zeitdruck setzen, wird die schriftliche Ausarbeitung einer Beschäftigung nicht selten zur Qual.

Versuchen Sie, Ihren persönlichen Arbeitsstil zu finden, wobei Sie zwischen beruflichen und privaten Bedürfnissen Grenzen zu ziehen haben.

Zudem werden Sie Ihre persönliche Leistungsfähigkeit berücksichtigen müssen. Eine uniforme Methode für das eigene Lernen kann es nicht geben; zudem wird von niemandem erwartet werden können, seine Motivation stets auf gleicher Ebene oder Intensität zu halten. Es stellt sich die Frage: „Wie gehe ich effektiv und rationell vor?“

Die Praktikantin steht vor der Aufgabe, eine gezielte Beschäftigung anzufertigen. Unabhängig davon, ob eine „Mammut“-Arbeit oder eine kurze Darstellung zu bewältigen ist, die folgenden Regeln gelten für fast alle schriftlichen Ausarbeitungen.

## Eigene Erfahrungen

Welche Erfahrungen habe ich gesammelt (z.B. im Vorpraktikum, in der Arbeit mit einer Kindergruppe)?

Durch das Nachdenken ohne Unterlagen zwingen Sie sich, alles zu reflektieren, was Sie über das Thema wissen.

## Einfälle aufschreiben

**Phase produktiven Denkens**

Schreiben Sie nun Ihre Einfälle zur Beschäftigung auf. Sie brauchen sich dabei noch nicht an eine Gliederung oder an ein Schema zu halten. In dieser Phase produktiven Denkens sollten Sie sich nicht von Leitlinien einengen lassen.

## Eine erste Gliederung

**Der „rote Faden“**

Sie haben sich auf mehreren Bogen Notizen gemacht. Versuchen Sie nun, dieses scheinbare Durcheinander zu gliedern und einen „roten Faden“ hineinzubringen.

Nicht immer gelingt es beim ersten Anlauf. Sollte also die erste Gliederung unbefriedigend sein, so lassen Sie sich nicht entmutigen. Es sind ja erst die Vorarbeiten.

## Eigene Aufzeichnungen befragen und Informationen verarbeiten

Jetzt ist es an der Zeit, alle verfügbaren Unterlagen zu Rate zu ziehen. Vielleicht besitzen Sie noch eigene Aufzeichnungen aus Ihrem Vorpraktikum oder Sie finden in Fachzeitschriften Angaben zu Ihrem Thema. Reichen Ihre eigenen Informationsmittel nicht aus, erkundigen Sie sich in Ihrer Schulbücherei oder in der Stadtbibliothek nach entsprechender Literatur. Da auch die Erzieherin nicht allwissend sein kann, schon gar nicht zu Beginn ihrer Ausbildung, muss sie sich bemühen, ihr Sachwissen zu erweitern.

Für die Stoffsammlung gilt:

**Gewusst wo!**

- Informationen sichten
  Bücher (z.B. Lexika, Fach- und Sachbücher, „Google") durchsehen und im Internet suchen. Beim Sammeln von Informationen ist das „Gewusst, wo!" besonders wichtig. Informieren Sie sich über den Aussagewert der gewonnenen Informationen, zum Beispiel, ob sie die benötigten Auskünfte über das von Ihnen durchzuführende Thema hergeben.

**Die wichtigsten Informationen herausfiltern**

- Informationen rationell auswerten
  Setzen Sie Schwerpunkte. Versuchen Sie, die für Ihre Ausarbeitung wichtigsten Informationen aus den Texten herauszufiltern. Speichern Sie nur Informationen, die wirklich wesentlich sind. Während des Lesens haben Sie bestimmt eigene Ideen. Notieren Sie sofort, was Ihnen einfällt, auch wenn es Ihnen zunächst unwichtig erscheint. Machen Sie sich einen Ideenzettel.

Der Umfang und die Dauer Ihrer Sichtungs- und Auswertungsarbeit hängen natürlich von der Vorbereitungszeit ab, die Ihnen bis zur Durchführung Ihrer Beschäftigung zur Verfügung steht.

## Zweite Gliederung

Sie haben Ihre erste Gliederung inzwischen überprüft, an ihr herumgestrichen, sie umgebaut und verändert. Vielleicht haben Sie festgestellt, dass Ihr Vorgehen zum Teil unlogisch war, nicht kindgerecht, zu dürftig, zu umfassend oder zu wenig originell.

**„Ausfeilen“**

Die zweite Gliederung feilen Sie jetzt unter Zuhilfenahme des vorliegenden Materials aus. Sollten Sie immer noch nicht zufrieden sein, starten Sie zu einem weiteren Versuch.

## Niederschrift

**Innerer Abstand**

Sie fertigen eine erste Niederschrift an und sollten nun Ihre „gesammelten Werke“ erst einmal beiseite legen. Ein kleiner innerer Abstand kann sehr von Vorteil sein. Selbst wenn Sie wenig Zeit bis zur Durchführung haben, sollten Sie einen Tag der Klärung dazwischen schieben. Wenn Sie dann Ihre Ausarbeitung zur Hand nehmen, sehen Sie diese unter Umständen mit ganz anderen Augen.

Gegebenenfalls überarbeiten Sie jetzt Ihre erste Niederschrift noch einmal beziehungsweise nehmen Ergänzungen vor. Überprüfen Sie dabei Ihre Ausarbeitung auch im Hinblick auf die sachliche Richtigkeit:

- Habe ich die Lernziele richtig gesetzt?
- Entspricht der Inhalt den Bedürfnissen, Interessen und der Entwicklungsstufe der Kinder?
- Sind die gewählten Inhalte originell?
- Ist der Inhalt sachgerecht begrenzt nach Zeit und Ausmaß? Lieber weniger Inhalte, dafür klar aufgebaut und folgerichtig, als eine Fülle, die irritiert und zeitlich nicht durchzuführen ist.
- Habe ich mögliche Kinderaktivitäten in meiner Ausarbeitung berücksichtigt?
- Ist der Ablauf meines methodischen Vorgehens nachvollziehbar gegliedert und klar verständlich aufgeschrieben?

Achten Sie bei der Abfassung Ihrer Ausarbeitung auch auf einen guten Stil; sie sollte sauber, rationell und übersichtlich sein.

Bilden Sie keine zu langen Sätze. Verschachtelte Bandwurmsätze sollten wir Literaten überlassen. Formulieren Sie klar und verständlich.

**Lebendig schreiben, anschaulich darstellen**

Schreiben Sie lebendig. Auch scheinbar trockener Stoff lässt sich lebendig darstellen. Voltaire sagte einmal, dass jede Art zu schreiben erlaubt sei, nur nicht die langweilige. Schreiben Sie anschaulich und vermeiden Sie überflüssige Fremdwörter. Natürlich können und sollen wir nicht auf alle Fremdwörter verzichten. Besonders dann nicht, wenn sie als Fachausdruck benutzt werden. Manchmal ist dann ein Fremdwort treffender als die eingedeutschte Bezeichnung.

Überprüfen Sie noch einmal die Ausarbeitung hinsichtlich Rechtschreibung und Zeichensetzung. Da nur wenige dieses Gebiet absolut sicher beherrschen, leistet der Duden hier unentbehrliche Hilfe.

## Reinschrift

Nachdem Sie jetzt Ihre Ausarbeitung ein letztes Mal kritisch überprüft haben, können Sie das Ergebnis Ihrer Bemühungen endgültig zu Papier bringen. Ob Sie Ihre Reinschrift mit der Hand, mit Computer oder Schreibmaschine anfertigen, Folgendes sollten Sie bedenken:

**Überlegungen für die Reinschrift**

- Papierformat DIN A 4 benutzen,
- Blätter nur einseitig beschriften,
- Die einzelnen Seiten exakt kennzeichnen (nummerieren),
- Links einen Heftrand lassen (auch wenn Sie die Bogen zunächst nicht einheften wollen),
- Rechts einen Rand lassen (für Anmerkungen, Hinweise, Kennzeichnungen, Korrekturen),
- Übersichtliche Gliederung des Textes (Überschriften, Absätze, ggf. Illustrationen).

## Darstellungsschemata für die schriftliche Ausarbeitung gezielter Beschäftigungen

Eine längere schriftliche Ausarbeitung kommt nicht ohne eine entsprechende Gliederung aus. Die Gliederung ist so etwas wie Fahrplan, Wegweiser und Arbeitsprogramm zugleich.

Für gezielte Beschäftigungen lassen sich verschiedene Schemata festlegen.

### 1 Muster einer ausführlichen Fassung

Das folgende Schema einer ausführlichen schriftlichen Ausarbeitung hat sich an mehreren Fachschulen für Sozialpädagogik als besonders zweckmäßig erwiesen.

| Titelblatt (DIN A 4): | Gliederung |
|---|---|
| Vorbereitung einer gezielten Beschäftigung am: … | 1. Zeit bzw. Stellung im Tageslauf<br>2. Dauer der Beschäftigung<br>3. Angaben zur Gruppe<br>4. Raumgestaltung und Raumskizze |
| Name: | 5. Thema |
| Klasse: | 6. Aufgabe<br>7. Lernziele |
| Kindergarten: | 8. Vorbereitung<br>(a) zu Hause |
| Gruppe: | (b) im Kindergarten<br>9. Material |
| Thema: | 10. Geplanter Verlauf<br>• Einstieg |
| Zeit: | • Hauptteil<br>• Schluss<br>11. Literaturangabe |

(Die Angaben zur inhaltlichen Gestaltung der Gliederung finden Sie im Kapitel „Planung und Durchführung gezielter Beschäftigungen“, S. 68ff.).

## 2 Muster einer Kurzfassung

Nachdem Sie sich intensiv mit der ausführlichen Ausarbeitung gezielter Beschäftigungen auseinandergesetzt haben, können Sie allmählich auf eine kurz gefasste schriftliche Vorbereitung zurückgreifen. Voraussetzungen hierfür sind lernorganisatorische Sicherheit und genügend Übung. Der erfahrenen Erzieherin genügen später in der Praxis kurze Notizen zur Vorbereitung.

## Vorbereitung einer gezielten Beschäftigung

| Praktikantin | Gruppe (Alter): | Datum: | Zeit: |
|---|---|---|---|
| Gesamtthema: | | | |
| Beschäftigungsthema: | | | |
| Ziele: | Grobziel: | Feinziele: | |
| Medien: | | | |

| | didaktische Absicht | Methode | Begründung |
|---|---|---|---|
| Einstieg | | | |
| Hauptteil | | | |
| Schluss | | | |

(Umfang der Ausarbeitung: 1 Seite im Format DIN A 4)

# Beispiele für Ausarbeitungen

Zur Anregung, Vertiefung und als Diskussionsgrundlage finden Sie auf den nächsten Seiten acht schriftliche Ausarbeitungen von Studierenden einer Fachschule für Sozialpädagogik, und zwar:

1. Sechs ausführliche didaktische Analysen
2. Zwei Kurzfassungen

Die Ausarbeitungen wurden – bis auf geringfügige Überarbeitungen – bewusst unkorrigiert belassen, um Ihnen eine konstruktive Auseinandersetzung mit den Beschäftigungsentwürfen zu ermöglichen.

Untersuchen und überprüfen Sie die hier aufgeführten Beispiele nach den Ihnen bekannten Beurteilungskriterien (siehe S. 82ff.).

Als Gesichtspunkte für eine Überprüfung lassen sich zum Beispiel nennen:

- Sind die Ziele richtig gesetzt? Lassen sie eine pädagogische Absicht erkennen?
- In welchem Umfang werden die Lernziele operationalisiert?
- Entsprechen die gewählten Inhalte der in der Ausarbeitung genannten Altersstufe und der Interessenlage der Kinder?
- Sind die Inhalte originell in der Auswahl?

- Ist das beabsichtigte methodische Vorgehen in sinnvolle, nachvollziehbare Schritte aufgeteilt?
- Sind die angegebenen Medien und Materialien anschaulich und klar? Besitzen sie Aufforderungscharakter?
- Sind die theoretischen und praktischen Vorbereitungen umfassend durchdacht?

Vielleicht entwickeln Sie zu der einen oder anderen Ausarbeitung Alternativvorschläge! Was würden Sie anders machen? Warum würden Sie es anders machen? Es gibt in der Regel immer mehrere Wege, die man gehen kann, um ein Ziel zu erreichen.

# 1 Ausführliche didaktische Analysen

## Beispiel Nr. 1: Meine Familie und ich

Von der eigenen Familie berichten und sie im gemalten Bild darstellen.

1. Zeit/Stellung im Tageslauf

Die gezielte Beschäftigung beginnt um 11.10 Uhr, nach dem Spiel im Freien. Nach dieser aktiven Phase dürften die Kinder in der Lage sein, sich zu konzentrieren.

2. Dauer der Beschäftigung

Die Beschäftigungszeit beträgt 30 Minuten und besteht aus zwei Teilen. Sollte mein beabsichtigtes Gespräch über die Familie besonders intensiv werden oder sich die jüngeren Kinder nicht mehr konzentrieren können, werde ich das Malen der Familien weglassen. Wesentlicher Bestandteil soll das Gespräch sein.

3. Angaben zur Gruppe

Es handelt sich um eine Gruppe mit acht Kindern im Alter von vier bis sechs Jahren. Durch Beobachtungen bei anderen Beschäftigungen fielen mir besonders einige Kinder auf. Malte, Phillip, Max und Leon wurden eher unruhig und hatten öfter das Bedürfnis, die Aufmerksamkeit der anderen Kinder und der Erzieherin auf sich zu ziehen. Dies geschah entweder mit verbalen Äußerungen oder es ging auch teilweise soweit, dass andere Kinder körperlich angegriffen wurden.

## 4. Raumgestaltung und Raumskizze

Zwei Raumskizzen sind nötig, da ich während der Beschäftigung den Raum wechsle, damit die Kinder nicht schon während des Gesprächs durch die Vorbereitungen abgelenkt werden. Außerdem bietet der „Umzug“ vom Gruppen- in den Turnraum den Kindern die Möglichkeit, sich kurz zu entspannen, nachdem sie während des Gesprächs stillsitzen mussten und sich beim Malen wieder konzentrieren müssen.

Gruppenraum

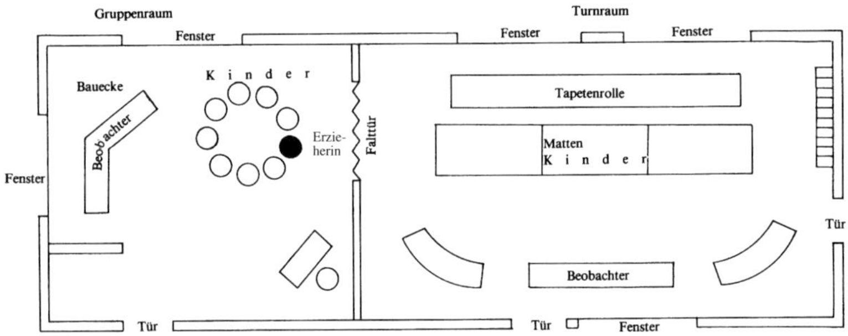


## 5. Thema

Ich habe das Thema „Meine Familie und ich“ aus den Rahmenbereichen „Umwelt-, Sach-, Naturbegegnung“ und „Sozialerziehung“ gewählt, weil es alle Kinder angeht, denn alle Kinder leben in einer ganz bestimmten Familie und wissen sicherlich etwas über sie zu berichten. Das Thema stammt also aus der nächsten Umwelt der Kinder. Daher meine ich, dass es besonders gut für eine altersgemischte Gruppe geeignet ist. Es bietet auch den Jüngeren die Möglichkeit, sich aktiv am Gespräch zu beteiligen; aus demselben Grund meine ich auch die stilleren Kinder aktivieren zu können.

–> MOTIVATION

## 6. Aufgabe

Die Kinder erfahren, dass nicht alle Familien gleich sind, in dem sie anhand von Gesprächen und Bildern feststellen, dass die Familienmitglieder verschiedenen Aufgaben nachgehen können und dass die Anzahl der Familienmitglieder in den verschiedenen Familien unterschiedlich sein kann.

Die Kinder sollen im Stuhlkreis von ihrer eigenen Familie berichten und sie anschließend im Bild darstellen. Alle Kinder malen gemeinsam ein großes Bild, in dem aber der Beitrag des Einzelnen klar von denen der anderen abgegrenzt ist, damit den Kindern einerseits das Gefühl vermittelt wird, gemeinsam etwas hergestellt zu haben, andererseits aber die stilleren Kinder, die im Gespräch eventuell nicht genügend zu Wort gekommen sind, die Möglichkeit haben, einen individuellen Beitrag zu leisten.

## 7. Lernziele

### Grobziel

Die Kinder erwerben Kenntnisse über die Familie(n).

### Feinziele

Die Kinder

- wissen, dass nicht alle Familien gleich zusammengesetzt sind;
- wissen, dass die Aufgaben innerhalb der Familie unterschiedlich verteilt werden können;
- erkennen, dass sich ihre eigene Familie von vielen anderen Familien unterscheidet;
- bekommen ein Gefühl für Beziehungen, die Familienmitglieder zueinander haben;
- bekommen ein Gefühl für die Familienzusammengehörigkeit (Geborgenheit).

## 8. Vorbereitung

### (a) Zu Hause

- Ich male ein großes Bild, das eine vierköpfige Familie darstellt.
- Ich mache mir Gedanken darüber, was ich von der dargestellten Familie berichten möchte.
- Ich male auf die Rückseite einer Tapetenrolle zehn große Umrisse von Häusern.

### (b) Im Kindergarten

- Ich rücke die Stühle zu einem Stuhlkreis zusammen.
- Ich befestige die Tapetenrolle mit Klebeband am Boden des Turnraums.
- Ich lege Wachsmalstifte in mehreren Schälchen bereit.
- Sollte der Boden des Turnraums zu kalt sein, lege ich Turnmatten zurecht, auf die sich die Kinder beim Malen knien können.

## 9. Material

Tapetenrolle, Wachsmalstifte, Klebeband
Hilfsmittel: Turnmatten

## 10. Geplanter Verlauf

### (a) Einstieg

Die Kinder und ich setzen uns in den Stuhlkreis. Ich stelle mich vor und zeige das vorbereitete Bild. Die Kinder können es einen Augenblick betrachten, dann frage ich sie, was sie auf dem Bild sehen. Fällt das Stichwort „Familie“ oder „Vater, Mutter, Kinder“ sage ich den Kindern, dass ich Ihnen erzählen möchte, wie es in einer Familie zugeht und stelle die Aufgabenfelder vor: Der Vater arbeitet den ganzen Tag. Die Mutter arbeitet bis mittags, bringt das Mädchen (Laura) in den Kindergarten und holt es wieder ab; sie kocht auch das Essen. Der Junge (Tim) geht in die Schule. Abends spielen alle Familienmitglieder manchmal zusammen …

### (b) Hauptteil

Dann frage ich die Kinder, ob es in ihrer Familie genauso oder anders zugeht. Sollte kein Kind beginnen, frei zu erzählen, sage ich ganz kurz (!), wie sich meine eigene Familie von Lauras Familie (s.o.) unterscheidet. Sollte auch nach dieser Anregung kein freies Gespräch zustande kommen, stelle ich gezielte Fragen. Zunächst frage ich die Kinder, ob sie alle, wie Laura, einen großen Bruder haben, ob sie überhaupt Geschwister haben. Nachdem die Kinder von ihren Geschwistern berichten, werden wir feststellen, dass nicht in jeder Familie gleich viele Geschwister sind. Dann frage ich die Kinder, ob ihnen noch etwas einfällt, was ihre eigene Familie von Lauras Familie unterscheidet. Eventuell stelle ich, um das Gespräch in Gang zu halten, gezielte Fragen danach, ob in allen Familien Väter und Mütter arbeiten, ob die Väter auch manchmal kochen und was die Familien am Abend machen. Ich nehme dabei immer Bezug auf die zu Beginn erzählte Geschichte. Während des Gesprächs achte ich darauf, dass alle Kinder, auch die jüngeren und die stilleren, zu Wort kommen. Eventuell spreche ich diese Kinder persönlich an. Ich werde darauf achten, dass die Kinder einander ausreden lassen. Am Ende des Gesprächs werden wir feststellen, dass jede Familie ganz besonders ist.

Ich sage den Kindern dann, dass wir jetzt in den Turnraum gehen wollen, weil ich dort eine lange „Straße“ mit vielen Häusern vorbereitet habe und nun jedes Kind seine Familie in ein Haus malen darf.

Damit die Kinder mit ihren Ärmeln keine Farbe aufnehmen, lasse ich sie aufkrempeln und gebe gegebenenfalls Hilfestellung.

Sollte es nötig sein, weise ich im Turnraum noch einmal darauf hin, dass die Kinder ihre eigene, nicht aber Lauras Familie malen sollen. Den Kindern, die mit dem Malen erheblich früher fertig sind als die anderen, sage ich, dass sie neben den Personen auch noch Tiere und Gegenstände in ihr Haus malen dürfen, die in ihrer Familie vorhanden sind.

Während die Kinder noch malen, schaue ich mir die Bilder schon einmal an und bekräftige die Kinder.

Ich schreibe die Namen der Kinder auf ihre Bilder.

### (c) Schluss

Wenn alle Kinder mit dem Malen fertig sind, gehen wir gemeinsam die „Straße“ entlang und betrachten die verschiedenen Familien. Ich frage die Kinder, ob sie zu ihrem Bild (Personen, Tiere, Gegenstände) noch etwas erzählen wollen; eventuell weise ich selbst noch einmal auf Unterschiede hin.

Gemeinsam hängen die Kinder und ich die „Straße“ im Flur vor dem Gruppenraum auf. Dann bitte ich die Kinder, mir beim Wegräumen der Stifte und Matten zu helfen.

## Beispiel Nr. 2: Die Uhr – Von der Sonnenuhr bis zu heute gebräuchlichen Uhren

1. Zeit/Stellung im Tageslauf

Meine Beschäftigung findet am Vormittag von 9.20 bis 9.50 Uhr statt. Zu diesem Zeitpunkt sind die Kinder noch ausgeruht sowie aufnahme- und konzentrationsfähig.

2. Dauer der Beschäftigung

ca. 30 Minuten. Dieser zeitliche Rahmen sollte ausreichen, um mein Thema zu vermitteln und die Erfahrungen der Kinder zu erweitern.

3. Angaben zur Gruppe

Die heterogene Gruppe wird aus acht bis zehn Kindern im Alter von 4,2 bis 6,3 Jahren bestehen.

Die Kinder sind mir bereits aus mehreren Beschäftigungen bekannt. Während drei Kinder sehr ruhig sind, verhalten sich die anderen besonders lebhaft. Ich möchte die ruhigen Kinder (zwei sind neu in der Gruppe) anregen, sich an der Beschäftigung zu beteiligen, und die lebhaften durch meine Person und das Thema so ansprechen, dass sie die Durchführung nicht durch Unruhe stören.

4. Raumgestaltung und Raumskizze

Für meine Beschäftigung wähle ich eine Tischgruppe im Gruppenraum, weil dieser sehr hell ist und eine freundliche Atmosphäre ausstrahlt. Gute Lichtverhältnisse tragen zur besseren visuellen Wahrnehmung der Kinder bei.

Die Sitzordnung ermöglicht mir den Blickkontakt zu jedem Kind während des Gesprächs und der Demonstration.

Gruppenraum

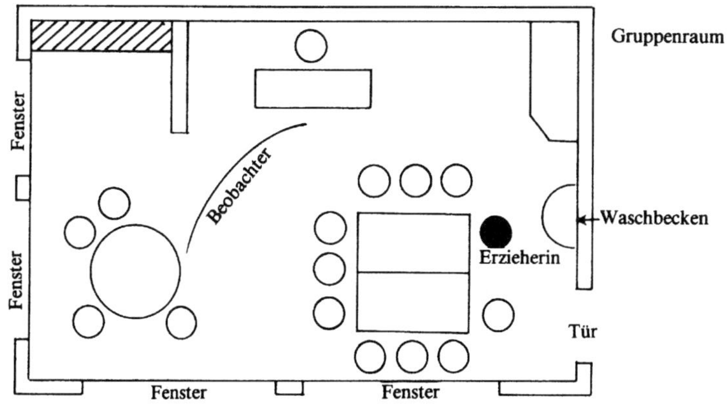


5. Thema

Ich habe aus dem Hauptthema „Die Zeit“ das Teilthema „Die Uhr – Von der Sonnenuhr bis zu unseren heute gebräuchlichen Uhren“ gewählt, weil sich die Technologie fortwährend weiterentwickelt und die Kinder an technischen Dingen sehr interessiert sind.

Anhand der Uhr möchte ich den Kindern die verschiedenen technischen Entwicklungsstufen etwas verständlicher machen.

Die Uhr ist für die Kinder ein bekannter Begriff; ein Instrument, dem sie täglich in ihrer Umwelt begegnen. Nur ganz selten ist den Kindern der gewählten Altersstufe bekannt, wie die Uhr vor vielen tausend Jahren entstanden ist. Daher glaube ich, dass sie mit Interesse das Thema verfolgen werden. Hinzu kommt noch, dass die Kinder im Alter von vier bis sechs Jahren allem Neuen gegenüber sehr aufgeschlossen sind.

6. Aufgabe

Die Kinder erfahren im Gespräch (Erziehervortrag und fragend-entwickelnd) und durch Anschauungsobjekte und Demonstration, dass es nicht immer solche Uhren gab, wie wir sie heute gebrauchen, sondern dass die Menschen vor vielen tausend Jahren die Zeit mit anderen Mitteln gemessen haben.

Sonnen-, Wasser-, Kerzen- und Sanduhr haben viele Jahrhunderte die Zeit bestimmt. Die Kinder erfahren durch den Erzieher, dass die Zeit erst in Stunden gemessen wurde (Beispiel: Elementaruhren), woraus sich später Minute und Sekunde entwickelt haben. Dieses wird den Kindern deutlich, wenn ich ihnen nach den Elementaruhren die ersten Räderuhren zeige.

Durch das Betrachten von Anschauungsobjekten erhalten die Kinder einen kleinen Einblick in den komplizierten Mechanismus der modernen Uhr, zum Beispiel der Digitaluhr.

## 7. Lernziele

### Grobziel

Die Kinder besitzen Kenntnisse über die geschichtliche Entwicklung der Uhr und können mehrere Uhrentypen unterscheiden.

### Feinziele

Die Kinder

- kennen die Begriffe Sonnen-, Wasser-, Kerzen- und Sanduhr;
- wissen, wie diese Uhren funktionieren;
- wissen, dass man mit einfachen Mitteln eine Uhr herstellen kann;
- wissen, warum die Weiterentwicklung genauerer Uhren notwendig wurde; zum Beispiel Sonnenuhren waren bei Regenwetter nicht zu gebrauchen; Pünktlichkeit im Bus- und Zugverkehr;
- wissen, dass die heutigen Uhren (mechanische und elektronische) für den Menschen besonders wichtig sind;
- helfen beim Aufbau und der Inbetriebsetzung verschiedener Uhrenmodelle.

## 8. Vorbereitung

### (a) Zu Hause

Literatur zum Thema „Uhren“ beschaffen; Anschauungsmodelle und Wecker besorgen. Einige Elementaruhren (Sonnen-, Wasser-, Kerzenuhr) selbst herstellen und ausprobieren; Fragen überlegen.

### (b) Im Kindergarten

Tische und Stühle zurechtstellen, Material griffbereit auf dem Materialwagen (siehe Raumskizze) anordnen.

9. Material

Eine große und eine kleine Schale, eine Kerze, Perlen, Teller, Wasser, Streichhölzer

Hilfsmittel: Sandhur, verschiedenartige Uhren, eine Taschenlampe

10. Geplanter Verlauf

### (a) Einstieg

Ich setze mich mit den Kindern an den Tisch und sage ihnen, dass wir heute über die Uhr sprechen wollen; worauf ich die Kinder frage, welche Art von Uhren sie bereits kennen.

Die Kinder werden verschiedene Uhrentypen nennen.

### (b) Hauptteil

Nach diesem kurzen allgemeinen Gespräch sage ich den Kindern, dass es vor vielen tausend Jahren solche Uhren, wie wir sie heute benutzen, nicht gegeben hat. Weiter frage ich, ob vielleicht ein Kind weiß, wie die Menschen wohl damals die Zeit gemessen haben. (Es kann sein, dass ein Kind die Sonnenuhr erwähnt.)

Den Kindern zeige ich eine von mir selbst konstruierte Sonnenuhr und frage sie, wie diese Uhr heißt und führe mit Hilfe einer Taschenlampe die Funktion der Uhr vor. Die Kinder lasse ich dann ebenfalls probieren; wenn nötig, bin ich ihnen behilflich.

Während die Kinder noch probieren, bitte ich sie, die Taschenlampe kurz auszustellen und richte an sie die Frage:

„Wie haben wohl die Menschen die Zeit abgelesen, wenn es regnete oder Wolken vor der Sonne waren?“ Die Antworten der Kinder warte ich ab, stelle dann das mitgebrachte Material für die Vorführung der Wasser-, Kerzen- und Sanduhr auf den Tisch. Ich frage die Kinder, ob sie sich vorstellen können, dass es sich um Uhren handelt, was da vor ihnen auf dem Tisch liegt. (Die Sanduhr werden wohl alle gleich erraten.)

Den Kindern erkläre ich, dass wir diese Uhren noch schnell aufbauen müssen, um sie ausprobieren zu können. Ich bitte ein Kind hierbei um Mithilfe.

Die einzelnen Uhren erläutere ich im weiteren Verlauf wie folgt:

Wasseruhr: Hierzu benötigen wir eine Schale mit Wasser, eine kleinere Schale (Dose) mit einem Loch, durch das das Wasser fließen kann. Die kleinere Schale wird auf das Wasser gesetzt; jetzt fließt Wasser in die Schale. Geht die Schale unter, ist ein bestimmter Zeitabschnitt verstrichen. (In unserem Fall ca. 5 Minuten.)

Kerzenuhr: Eine Kerze wird in bestimmten Abständen mit einer Perle versehen und auf einem Teller befestigt. Ist beim Herunterbrennen des Dochtes der Stand einer Perle erreicht, fällt diese klirrend auf den Teller. Wiederum ist ein bestimmter Zeitabschnitt verstrichen; ca. 6 Minuten.

Bei der Betätigung der einzelnen Uhren können mir einige Kinder helfen. Ich gehe davon aus, dass es ihnen Freude macht und sie dadurch motiviert werden, aufmerksam zu bleiben.

Bei der Kerzenuhr weise ich auf die Gefahren des offenen Feuers hin. Die Durchführung und Erläuterung der einzelnen Uhren laufen parallel. Es ist von mir beabsichtigt, alle drei Uhren (Sand-, Wasser- und Kerzenuhr) zur gleichen Zeit in Betrieb zu setzen. Dies erscheint mir am besten, da die Aufmerksamkeitsspanne der Kinder noch nicht so groß ist. Würde ich jedes Modell einzeln vorführen, so könnte Unruhe bei den Kindern auftreten. Sie hätten außerdem Schwierigkeiten, gewisse Zusammenhänge zu erkennen; so jedoch wird es ihnen anschaulicher.

Ist die Demonstration der Elementaruhren abgeschlossen, spreche ich mit den Kindern darüber, dass diese Uhren nicht gerade praktisch für den Menschen waren. Es musste immer jemand auf die Uhren aufpassen, zudem konnten sie nicht mit auf Reisen genommen werden ... Dieses Gespräch soll als Überleitung zur ersten „modernen Uhr“ dienen, die praktischer war und genauer. Im Gegensatz zu den Elementaruhren verfügte sie bereits über Zeiger (und später über Minuten- und Sekundenangabe).

Auf diese Weise soll den Kindern die Weiterentwicklung und deren Notwendigkeit verständlich gemacht werden. In diesem Zusammenhang weise ich die Kinder daraufhin, dass man sich nach der genauen Uhrzeit richten muss, wenn man zum Beispiel einen Theaterbesuch macht, mit dem Bus fahren will oder in den Kindergarten geht.

Das Gespräch lenke ich auf den Wecker. Ich zeige den Kindern die mitgebrachten Modelle. Wir sehen uns alle gemeinsam an und vergleichen sie miteinander. Hierbei erinnere ich die Kinder an die Sonnen-, Wasser-, Kerzen- und Sanduhr. Den Kindern führe ich das Innere eines Weckers vor; sie können sich das Räderwerk genau ansehen.

### (c) Schluss

Nachdem wir die Handhabung, den praktischen Wert und das Innere des Weckers besprochen haben, stellen die Kinder (evtl. mit meiner Hilfe) einige Wecker. (Ich bitte die Kinder, mit den Uhren vorsichtig umzugehen, da sie recht empfindlich sind.) Die Übung endet mit einem Weckerkonzert. Gemeinsam wird weggeräumt.

### 11. Literatur

Duden-Lexikon. Bibliographisches Institut, Mannheim 1996
Abeler, J.: 5000 Jahre Zeitmessung, Wuppertal 1978

## Beispiel Nr. 3: Herbstwind

Was ist Wind? Wie entsteht er? Was Wind alles kann! Basteln eines Windrades.

### 1. Zeit/Stellung im Tageslauf

Die Kinder haben vor meiner Beschäftigung auf dem kindergarteneigenen Spielplatz gespielt. Dort konnten sie ihrem Bewegungsdrang freien Lauf lassen. Meine Beschäftigung beginnt um 10.00 Uhr.

### 2. Dauer der Beschäftigung

ca. 35 Minuten. Diese Zeit reicht aus, um mein Thema zu vermitteln und die Erfahrungen der Kinder zu erweitern.

### 3. Angaben zur Gruppe

Die Gruppe setzt sich aus zehn Jungen und Mädchen im Alter von 4,1 bis 6,2 Jahren zusammen. Die Kinder sind bereits längere Zeit in der Gruppe zusammen und haben schon mehrfach an Beschäftigungen mit Schülern der Fachschule für Sozialpädagogik teilgenommen. Jonas,

Malte und Kai lenkten viel Aufmerksamkeit auf sich und sorgten für Unruhe. Paul hingegen versuchte sich oft aus dem Spielgeschehen herauszuziehen und hatte Schwierigkeiten, sich von der Gruppenerzieherin zu trennen.

4. Raumgestaltung und Raumskizze

Ich wähle den Gruppenraum. Er ist sehr hell und freundlich. Für einen Versuch benötige ich Wasser vom Waschbecken; deshalb stelle ich einen Tisch und Stühle in die Nähe des Waschbeckens. Die Gruppierung um den Tisch habe ich gewählt, weil ich hier ein Spiel durchführen und mit den Kindern basteln möchte.

Gruppenraum

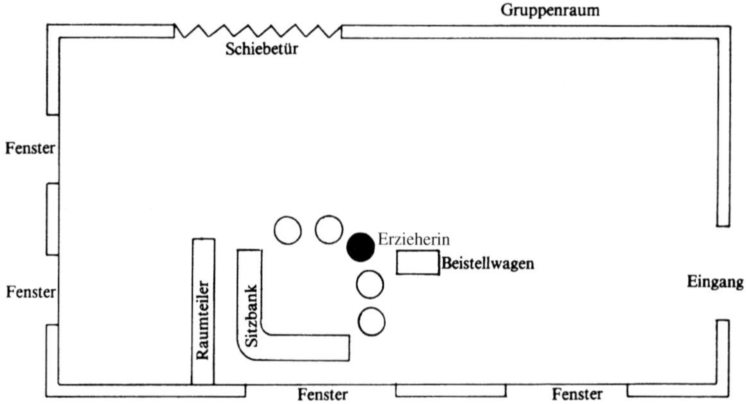


5. Thema

Das Thema „Herbstwind" (Rahmenbereich: Umwelt-, Sach-, Naturbegegnung) beinhaltet die jetzige Jahreszeit; es geht um die Entstehung von Wind, was Wind ist, seine Eigenschaften und was er bewirkt. Ich habe das Thema gewählt, weil für die Kinder gerade ein realer Bezug vom Thema zur Jahreszeit besteht. Die Kinder lernen durch das Thema ihre Umwelt intensiver kennen und sie zu erklären.

6. Aufgabe

Die Kinder werden durch das Spiel „Windball- oder Wattepusten" zum Thema hingeführt und motiviert. Das Thema wird im gelenkten Gespräch erarbeitet (siehe „geplanter Verlauf"). Zum Schluss basteln die Kinder ein Windrad, das sie mit nach Hause nehmen.

7. Lernziele

### Grobziel

Die Kinder besitzen Kenntnisse über die Entstehung und Wirkweisen des Windes.

### Feinziele

Die Kinder wissen

- Luft kann man nicht riechen, schmecken und sehen; sie ist unsichtbar und überall;
- Luft kann man fühlen, wenn man sie mit dem Fächer bewegt;
- Wind ist bewegte Luft, strömende Luft;
- warme Luft strömt nach oben und kalte Luft strömt warmer Luft entgegen;
- Luft kann leichte Dinge tragen;
- Wind ist für den Menschen nützlich;
- Luft ist manchmal warm, feucht, kalt oder trocken;
- was man unter einer Brise und einem Orkan versteht.
- Lernziel beim Basteln des Windrades: Die Fingerfertigkeit der Kinder wird geübt durch Zeichnen mit einer Schablone und dem Lineal; durch Schneideübungen mit der Schere.

8. Vorbereitung

### (a) Zu Hause

Um das Thema sachgerecht, kindgemäß und anschaulich zu erklären, habe ich mich an Sachbilderbüchern orientiert und einfache Experimente zur Veranschaulichung herausgesucht. Alle Experimente habe ich zu Hause durchgeführt.

Für das Einleitungsspiel habe ich einen Windball gebastelt und für die Bastelarbeit mit den Kindern Schablonen angefertigt.

### (b) Im Kindergarten

Ich richte im Kindergarten elf Sitzplätze an einem Tisch ein, den ich in die Nähe des Waschbeckens stelle.

Meine Materialien und Hilfsmittel baue ich griffbereit auf.

## 9. Materialangabe

Windball oder Watte (für das erste Spiel), einen Behälter für Wasser und ein Glas (Nachweis für „Überall ist Luft“), Fön (Nachweis für „Wind ist bewegte Luft“), Fächer, Kerze und Räucherstäbchen (Nachweis für „Warme Luft strömt nach oben, kalte Luft strömt nach“).

Zum Basteln: Schablone, Pappe, Schere, Lineale (Pappstreifen), Stifte. Da ich auch mit offenem Feuer (Kerze/Räucherstäbchen) arbeite, halte ich einen Wassereimer und eine Wolldecke bereit.

## 10. Geplanter Verlauf

### (a) Einstieg

Ich begrüße die Kinder und stelle mich kurz vor. Ich zeige ihnen den mitgebrachten Windball und lasse sie raten, was es ist. Wenn es keiner errät, nenne ich den Namen des Spielzeugs und erkläre, wie man mit ihm spielen kann.

Spielverlauf: Alle Kinder sitzen um den Tisch und pusten den Windball von einem Kind zum anderen, wobei der Windball nicht auf die Erde fallen darf. Die Hände dürfen als „Wandschirm“ benutzt werden.

### (b) Hauptteil

In einem günstigen Augenblick, zum Beispiel wenn der Ball vom Tisch fällt, lenke ich das Gespräch ein. Zur Gesprächsführung habe ich mir folgende Fragen überlegt:

- Womit habt ihr den Ball bewegt?
- Wer bewegt draußen den Windball?
- Kann man Luft fühlen?

Um zu zeigen, dass Wind bewegte Luft ist, habe ich einen Fön mitgebracht.

Ich erkläre den Kindern, dass Luft manchmal warm, trocken, feucht oder kalt ist. Die Kinder sollen ihre Atemluft bestimmen.

- Wo ist denn die Luft?
- Kann man sie riechen, sehen oder schmecken?

Durch das Experiment will ich beweisen, dass Luft überall ist.

Versuch: Ich stülpe ein Glas ins Wasser. Das Glas füllt sich nur zur Hälfte mit Wasser. Bevor ich das ganze Glas mit Wasser füllen kann, muss ich erst die Luft herauslassen. Die Kinder erkennen: Ein leeres Glas ist gar nicht leer. Es ist voll Luft.

Der nächste Versuch soll den Kindern zeigen, dass warme Luft nach oben strömt und kalte Luft zur warmen Luft hinströmt.

Versuch: Ich zünde eine Kerze und ein Räucherstäbchen an. Das Räucherstäbchen räuchert langsam. Halte ich das Stäbchen über die Flamme, räuchert es ganz schnell; der Rauch wird nach oben weggerissen, weil die aufströmende Luft den Rauch mit sich zieht.

Wenn ich an dieser Stelle meiner Beschäftigung noch genügend Zeit habe, demonstriere ich anhand von zwei Zeitungsblättern, dass Luft leichte Dinge tragen kann.

Versuch: Ein Zeitungsblatt zerknülle ich. Dann lasse ich beide fallen. Das geknüllte Papier plumpst zur Erde. Die geöffnete Zeitung segelt zur Erde.

Ich knüpfe eine Parallele zu den Blättern, die der Wind draußen herumwirbelt.

Wir überlegen gemeinsam, was der Wind alles kann; zum Beispiel Segelboote schiffen, Wäsche trocknen, Windmühlen antreiben, leichte Dinge tragen, Fahnen wehen, Kerzen ausblasen, Fenster klappen. Wind kann unterschiedlich sein. Ich nenne die Begriffe

- sanfte Brise
- Sturm
- Orkan

Die Symbole werden von mir mit den Händen dargestellt.

Ich frage die Kinder: „Hat der Wind euch schon einmal geärgert?“ Die Kinder äußern sich. Dann lenke ich das Gespräch:

Wind kann auch Spaß machen! Drachen steigen lassen – Windmühle herstellen – Klatsche bauen – Windrädchen basteln.

In den letzten zehn Minuten meiner Beschäftigung möchte ich mit den Kindern ein Windrad basteln. Ich erkläre den Bastelvorgang.

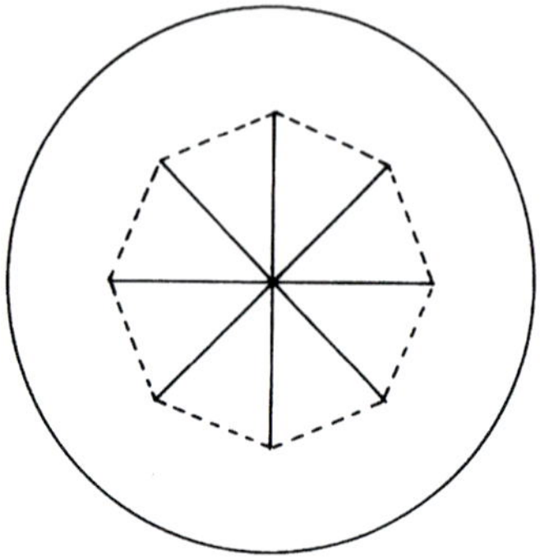

Ein Kreis (siehe Zeichnung) wird ausgeschnitten; Dreiecke nach oben und nach unten biegen. Aus großer Höhe fallen lassen.

Die durchgezogenen Linien werden eingeschnitten, die punktierten gefaltet.

### (c) Schluss

Ich beziehe die Kinder in die Aufräumungsarbeiten mit ein. Gemeinsam beraten wir, wo wir unser Spielzeug ausprobieren können. Habe ich noch Zeit, schreibe ich auf jedes Windrad den Namen des Kindes und verabschiede mich.

11. Literaturangabe

Crummenerl, R.: Was ist was, Band 007: Das Wetter. Hamburg, Tessloff 1999

Michael, B./Moffat, B.: Wind und Wasser erfahren. Spielen, Entdecken, Lernen. Ravensburg, Ravensburger Buchverlag 1984

Bailey, B.: Das Wetter. Wiesbaden, Falken-Verlag 1975

Schweinitz, v.D.: Wetter. Was Kinder über das Wetter wissen wollen (Kinder-Fragen, 1). Luzern, Reich-Verlag 1977

Die beiden folgenden Ausarbeitungsvorschläge (Nr. 4 und 5) verfügen unter Punkt 10 (Geplanter Verlauf) über die Spalte „Begründung". Gerade für den Praktikanten und Berufsanfänger bietet sich hier eine gute Möglichkeit, sich das geplante didaktisch-methodische Vorgehen vertieft zu vergegenwärtigen.

## Beispiel Nr. 4: Einführung eines Weihnachtsliedes

Den Kindern soll die erste und zweite Strophe des Weihnachtsliedes „Setz den Teig mit Honig an“ durch Vor- und Nachsingen vermittelt werden.

1. Zeit beziehungsweise Stellung im Tagesablauf

Die Beschäftigung wird gegen 11.45 Uhr am Vormittag beginnen. Zuvor haben die Kinder die Möglichkeit, im Freien zu spielen, wenn das Wetter dies zulässt, damit ihr Bewegungsdrang gestillt wird und sie anschließend aufnahmefähig und konzentriert an der Beschäftigung teilnehmen können.

2. Dauer der Beschäftigung

Die Beschäftigung soll 30 Minuten nicht überschreiten, damit die Kinder in ihrer Aufnahmefähigkeit bezüglich des neuen Textes und der neuen Melodie nicht überfordert werden. Aus diesem Grund ist vorgesehen, zunächst nur die erste Strophe des Liedes zu singen. Sollte sich im Verlauf der Übung jedoch herausstellen, dass das „Einstudieren“ den Kindern keine Schwierigkeiten bereitet, werde ich ebenfalls die zweite Strophe mit den Kindern erarbeiten und gegebenenfalls eine kurzfristige Zeitüberschreitung in Kauf nehmen.

3. Angaben zur Gruppe

Sie ist alters- und geschlechtsgemischt, das heißt, es werden Mädchen und Jungen von 3,6 bis 6,4 Jahren teilnehmen. Laut Aussage der Gruppenerzieherin ist den Kindern das vorgesehene Lied unbekannt, so dass diese Ausgangsvoraussetzung für alle gleich ist. Bezüglich der Erfahrung mit Klanghölzern sind Unterschiede vorhanden, da die Größeren bereits – im Gegensatz zu den Kleinen – Umgang damit hatten.

4. Raumgestaltung und Raumskizze

Als Ort der Beschäftigung wähle ich den Gruppenraum – und dies aus folgenden Gründen:

- er ist nicht so „hallig“ zum Singen wie der Turnraum,
- er ist weihnachtlich dekoriert, trägt also zur Stimmungsuntermalung bei,
- er ist gemütlicher und schafft deshalb eine behaglichere Atmosphäre.

Gruppenraum

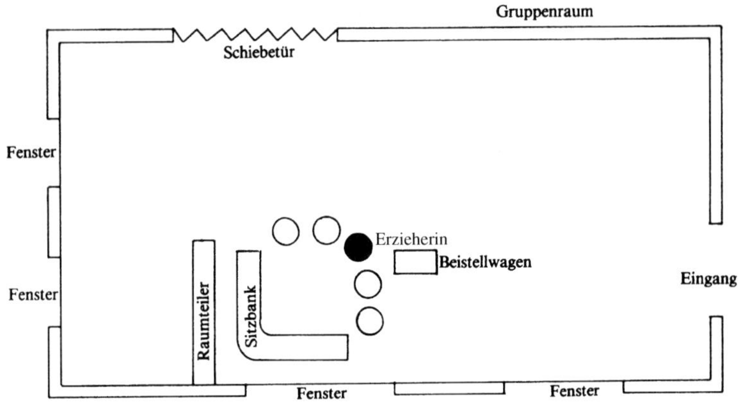


5. Thema

Diese Beschäftigung wurde einerseits aus aktuellem Anlass (= Weihnachtszeit) gewählt, um den Kindern ein etwas unbekannteres Weihnachtslied nahe zu bringen und damit ihr Liedrepertoire zu erweitern, andererseits aus der Tatsache heraus, dass Singen beziehungsweise Musik im Allgemeinen eine Bestätigung der (kindlichen) Gefühlswelt darstellt, zur Persönlichkeitsentfaltung beiträgt und die phonetische Sprachbildung fördert. Darüber hinaus ist Musik ein Ausdruck der Lebensfreude, die ich in meiner Kindergruppe immer wieder beobachten kann.

6. Aufgabe

Die Kinder werden durch Vorsingen der Schülerin und eigenes Nachsingen das Lied „Setz den Teig mit Honig an“ beziehungsweise dessen erste und zweite Strophe kennenlernen. Zur Steigerung der Musizierfreude werden als Begleitinstrumente eine Gitarre (Erzieherin) sowie Klanghölzer (Kinder) eingesetzt. Ein unmittelbares Erfolgserlebnis sollen die Kinder durch die Aufnahme und das Abspielen des Gesangs auf einem Kassettenrecorder bekommen.

2. Mach ein großes Feuer an, dass die Funken stieben.
Fertig ist der braune Mann, Knöpfe hat er sieben.
/. Rullala, rullala, ./ Knöpfe hat er sieben.

3. Ich und du und du und ich – jeder will ihn haben.
Nikolaus, wir bitten dich: Bring' uns deine Gaben!
/. Rullala, rullala, ./ bring' uns deine Gaben!

7. Lernziele

## Grobziele

(a) Die Kinder können ein neues Lied singen.
(b) Die Kinder schulen ihren Gehörsinn und setzen das Gehörte richtig um.
(c) Die Kinder kennen den Umgang mit Klanghölzern.
(d) Die Kinder drücken Lebensfreude aus.

## Feinziele

zu (a)

- Die Kinder kennen den Text des Liedes sowie dessen Aussage.
- Die Kinder kennen die Melodie des Liedes.
- Die Kinder kennen den Rhythmus des Liedes.

zu (b)

- Die Kinder hören aufmerksam zu.
- Die Kinder geben das Lied melodierichtig wieder, das heißt, sie unterscheiden die Tonhöhen.
- Die Kinder geben den Text phonetisch richtig wieder.

zu (c)

- Die Kinder wissen die Klanghölzer richtig anzufassen.
- Die Kinder wissen die Klanghölzer richtig anzuschlagen.

zu (d)

- Die Kinder zeigen Freude am Musizieren.
- Die Kinder bauen verbale Hemmungen durch Mitsingen ab.

8. Vorbereitung

(a) zu Hause

- Sichten des Weihnachtsliedergutes und Auswahl eines unbekannten Liedes;
- Eigenes Einstudieren des Liedes auf der Gitarre;
- Kaufen von rotem Stoff und Nähen eines „Nikolaussäckchens";
- Pfefferkuchenmännchen beziehungsweise Lebkuchen besorgen;
- Kassettenrecorder auf Funktionstüchtigkeit hin untersuchen.

(b) im Kindergarten/Schule

- Vorgespräch mit der Gruppenleitung über musikalische Vorkenntnisse der Kinder;
- Ausleihen der Klanghölzer aus dem Musikraum der Schule;
- Bereitstellung der benötigten Medien/Hilfsmittel auf einem Beistellwagen;
- Anordnen der Stühle/Bänke im vorgesehenen Raum des Kindergartens.

9. Material

- Arbeitsmaterial: keines
- Medien: Nikolaussäckchen (zur Motivationssteigerung), Pfefferkuchenmann (zur Anschaulichkeit)

- Hilfsmittel: Gitarre, Klanghölzer, Kassettenrecorder
- Werkzeuge: keine
- Sonstiges: Lebkuchen zum abschließenden Verteilen

10. Geplanter Verlauf

| Vorgehen | Begründung |
|---|---|
| **Einstieg**<br>Ich werde mich den Kindern kurz vorstellen und alsdann meine Gitarre aus der Hülle nehmen, wobei ich sie frage, ob sie wissen, was dieses für ein Instrument sei. In der Annahme, dass ein Kind den Namen kennt, frage ich dann weiter, wozu man eine Gitarre benützen kann. Die Kinder werden vielleicht das Spielen erwähnen, wobei es mir wichtig ist herauszustellen, dass man sie auch zum Begleiten von Gesangsstücken/Liedern einsetzen kann. Ich erkläre den Kindern, dass wir dies auch tun wollen und fordere sie – unter Hinweis auf die Jahreszeit – auf, gemeinsam zu überlegen, was für ein Lied wir singen könnten. Nachdem ein Kind Weihnachtslieder erwähnt hat, werde ich zustimmen und fragen, welche Weihnachtslieder die Kinder bereits kennen. | Wecken der Aufmerksamkeit<br>Motivierung<br>Vermittlung von Sachinformation<br><br>Hinweis bzw. Aufklärung über die Absicht der Beschäftigung zur Orientierung der Kinder<br>Prinzip der (geistigen) Aktivität<br>Aufforderung zur verbalen Äußerung |
| **Hauptteil**<br>Nach den Wortbeiträgen der Kinder, auf die ich inhaltlich kurz eingehen werde, möchte ich den Kindern erzählen, worum es sich in meinem Weihnachtslied handelt. Hierzu werde ich einen – bislang verborgenen – roten (Nikolaus-) Sack vorziehen, dem ich einen Pfefferkuchenmann entnehmen werde, den die Kinder als solchen identifizieren sollen. | Vorbereitung auf den Text<br><br>Prinzip der Anschaulichkeit |

| Vorgehen | Begründung |
|---|---|
| **Hauptteil**<br>Ich spreche den Kindern den Text der 1. Strophe des Liedes vor und kläre mit ihnen – unter Zuhilfenahme des Pfefferkuchenmannes – den Inhalt. | (Mögliche) Sprachschatzerweiterung bzw. Sachinformation |
| Danach singe ich den Kindern das Lied vor (1. Strophe), wiederhole Zeile für Zeile zum Nachsingen und lasse die ganze Strophe von den Kindern mehrmals durchsingen, wobei ich anfangs etwas lauter stützend mitsinge und sodann mit meiner Stimmintensität nachlasse, um die Kinder eigenaktiver singen zu lassen. | Eigentlicher Lernprozess (Lernstufen: Vormachen/Nachmachen)<br>Prinzip der Übung |
| Wenn ich den Eindruck habe, dass diese 1. Strophe vom Text und der Melodie her einigermaßen „sitzt“, verteile ich Klanghölzer an die Kinder. Ich frage, ob sie diese Instrumente kennen und erkläre, wie man damit umgeht. Nach einer kurzen Experimentierphase bitte ich die Kinder, mit den Klanghölzern so zu schlagen, wie sie sprechen/singen (also dem Rhythmus entsprechend), wobei ich dies kurz demonstriere. Dann singe ich mit den Kindern das Lied (1. Strophe) nochmals durch unter Einsatz der Klanghölzer, anschließend ebenfalls mit Gitarrenbegleitung.<br>(Sollten die Kinder das bisherige Lernziel ohne Schwierigkeiten erreicht haben und stünde mir noch ausreichend Zeit zur Verfügung, würde ich nunmehr die 2. Strophe des Liedes nach der gleichen Methode an die Kinder heranbringen.) | Variation des Prinzips der Übung unter Einsatz eines neuen Mediums.<br>Vermittlung von Sachinformation |

| Vorgehen | Begründung |
|---|---|
| **Schluss**<br>Ich werde feststellen, dass die Kinder ausgezeichnete Musikanten sind und ihnen mitteilen, dass ich eine Kassettenaufnahme durchführen möchte, welche wir nach der Aufnahme auch abspielen werden. | Bekräftigung<br>Lernzielkontrolle<br>Erfolgserlebnis für die Kinder |
| Zum Abschluss bedanke ich mich für die Mitarbeit der Kinder und lasse jedes Kind in den (Nikolaus-)Sack greifen, woraus es sich ein weihnachtliches Mitbringsel nehmen darf. | Abrundung und harmonischer Abschluss der Beschäftigung |

11. Literatur

Zugabe Bd. 2, Fidula, Boppard.

## Beispiel Nr. 5: Wir drucken mit Blättern

Vermittlung der Technik des Blätterdrucks bei gleichzeitiger Naturbegegnung (Herbstblätter).

1. Zeit beziehungsweise Stellung im Tageslauf

Die Beschäftigung wird gegen 11.00 Uhr am Vormittag beginnen. Die Kinder haben, wenn das Wetter dies zulässt, zuvor auf dem Spielplatz des Kindergartengeländes gespielt und ihren Bewegungsdrang gestillt.

2. Dauer der Beschäftigung

Sie wird ca. 30 Minuten in Anspruch nehmen. Durch die Eigenaktivität in der Experimentierphase und der Gestaltungsphase werden selbst die kleineren Kinder in ihrer Konzentrationsfähigkeit nicht überfordert sein.

3. Angaben zur Gruppe

Sie ist alters- und geschlechtsgemischt, das heißt, es werden Mädchen und Jungen von vier bis sechs Jahren teilnehmen. Während die Jüngeren noch unerfahren im Blätterdruck sind, haben die Älteren bereits Bekanntschaft mit dieser Technik gemacht.

Gruppenraum

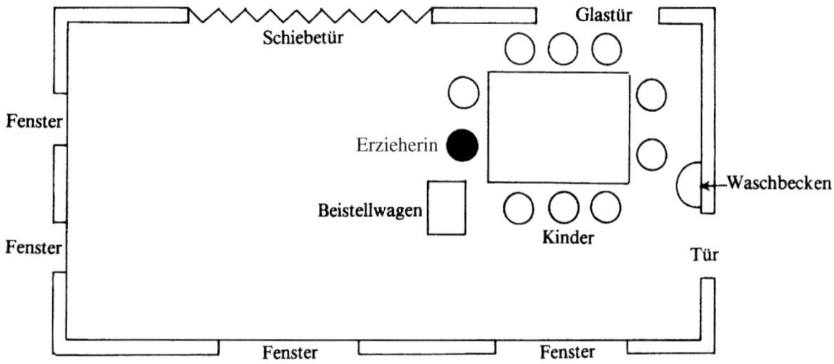


4. Raumgestaltung und Raumskizze

Die Beschäftigung findet an einem großen Tisch statt, um den alle Kinder Platz finden und alle Kinder auf mich sehen können bei der Vorstellung der Technik. Ausreichende Lichtverhältnisse sind gegeben durch die Glastür und das gegenüberliegende Fenster. Das sich in unmittelbarer Nähe befindliche Waschbecken kann problemlos zum Wasserholen und Pinselauswaschen aufgesucht werden. Der Beistellwagen steht in meiner Griffweite.

5. Thema

„Wir drucken mit Blättern." Den Kindern wird anhand dieser Drucktechnik eine Alternative zum einfachen Malen mit Pinsel oder Malstift geboten. Sie erfahren, dass sich auch Gegenstände/Naturmaterialien ihrer Umgebung zur kreativen Verwendung einsetzen lassen.

6. Aufgabe

Gesammelte Herbstblätter werden mit Tuschfarbe eingestrichen und auf weißes Papier abgedruckt. Die Kinder können hierbei weitgehend selbstständig arbeiten (Einzelarbeit!) und eigene Phantasie beziehungsweise Kreativität bezüglich Farbgebung und Anordnung der Blätter entwickeln. Zur Einführung werde ich ein bedrucktes Blatt als

Muster vorzeigen und die Herstellung erläutern sowie demonstrieren. Daraufhin wird den Kindern eine Spiel- beziehungsweise Experimentierphase eingeräumt, bei welcher sie die Technik auf Makulatur- oder Zeitungspapier erproben können. Der danach ausgeführte eigentliche Druck soll Bestandteil einer Gemeinschaftsarbeit werden. Die Mittel zur Inhaltsvermittlung sind die Arbeitsmaterialien und -geräte selbst.

7. Lernziele

### Grobziele

- Die Kinder kennen die Technik des Blattdrucks.
- Die Kinder erwerben Sicherheit in feinmotorischer Bewegung.
- Die Kinder erweitern ihre Kenntnisse bezüglich der Naturerfahrung.
- Die Kinder ordnen ihre Individualarbeit Gruppeninteressen unter.

### Feinziele

- Die Kinder gehen sparsam mit Wasser beim Auftragen der Tuschfarbe auf die Blätter um.
- Die Kinder wissen, dass die Schablone (= Blatt) beim Drucken nicht verrutschen darf.
- Die Kinder entwickeln eine Vorstellung der Blattaufteilung beim Drucken der Herbstblätter.
- Die Kinder kennen die Färbung des Laubes im Herbst.
- Die Kinder können die verschiedenen Blätter nach ihrer Herkunft der Bäume benennen.
- Die Kinder erfahren, dass ihre Einzelarbeit ein Beitrag und eine Bereicherung zur Gruppenarbeit sein kann.

8. Vorbereitung

### (a) Zu Hause

- Blättersammeln und pressen;
- Literatur bezüglich Blätterdrucktechnik sichten;
- Modelldruck herstellen;
- Baumstamm aus Tonpapier herstellen für die abschließende Gruppenarbeit aus den hergestellten Einzelarbeiten.

### (b) Im Kindergarten

- Gespräch mit der Gruppenleiterin über die Gruppensituation, Raumaufteilung, Stellung im Tagesablauf, vorhandene Materialien;
- Bereitstellen des benötigten Materials auf einem Beistellwagen;
- Anordnen des Tisches, der Stühle sowie Abdeckendes Tisches mit Wachsdecken und Zeitungen.

9. Material

- Arbeitsmaterial: Papier, Zeitungspapier/Makulaturpapier (für Probedrucke), Tuschfarben (gelb, rot, orange, beige, braun, grün)
- Medien: Modelldruck, Herbstblätter, Baumstamm aus Tonpapier
- Werkzeuge: Pinsel, Wassergläser, Bleistift (zum Kennzeichnen der Arbeiten mit den Namen der Kinder)
- Hilfsmittel: Wachsdecken, Zeitungspapier, Kittel, Nadeln für die Pinnwand, vier Schälchen

## 10. Geplanter Verlauf

| Vorgehen | Begründung |
|---|---|
| **Einstieg** | |
| • Nach der allgemeinen Vorstellung werde ich auf einen Stapel Kittel zeigen und die Kinder bitten, jeweils einen davon überzuziehen. | • Hinführung zur Einstiegsfrage |
| • Ich werde die Kinder fragen, bei welcher Art von Beschäftigung sie bisher ebenfalls Kittel getragen haben. | • Ich hoffe, ein Kind erwähnt das Arbeiten mit Tuschfarben |
| • Ich frage, wie Tuschfarben eingesetzt werden können. Benennt ein Kind hierbei das Druckverfahren, gehe ich darauf ein; wenn nicht, werde ich es nach den Antworten der Kinder selbst vorschlagen. | • Hinführung zur Drucktechnik<br>• Aufforderung zur verbalen Äußerung |
| **Hauptteil** | |
| • Ich frage die Kinder, womit gedruckt werden kann. Erwähnt ein Kind Herbstblätter, gehe ich darauf ein; wenn nicht, bringe ich die Sprache selbst darauf, wobei ich auf die bereitliegenden Blätter zeige. | • Hinführung zum Material<br>• Aufforderung zur verbalen Äußerung<br>• Phantasieanregung<br>• Einbringen der Erfahrungen der Kinder |
| • Ich frage die Kinder nach den Namen der einzelnen Blattarten sowie der Farben, die die Blätter im Herbst annehmen. | • Naturerfahrung<br>• Wortschatzerweiterung |
| • Ich stelle die Tuschfarben in den benannten Tönen auf den Tisch und erläutere das Verfahren des Blattdrucks unter Vorzeigen eines Modelldrucks. | • Motivierungsphase<br>• Prinzip der Anschaulichkeit |
| • Ich demonstriere die Technik, indem ich ein Blatt mit Farbe bestreiche und auf ein Papier drucke. | • Prinzip der Anschaulichkeit<br>• Lenken der Aufmerksamkeit auf sparsame Verwendung von Wasser und die Verrutschgefahr beim Drucken |

| Vorgehen | Begründung |
|---|---|
| • Ich verteile die Pinsel, Herbstblätter und stelle die bereits gefüllten Wassergläser auf den Tisch. Ich stelle den Kindern Makulaturpapier zur Verfügung und fordere sie auf, Probedrucke anzufertigen. | • Experimentierphase: Bekannt werden mit der Technik. Erfahrung mit dem Material sammeln<br>• Prinzip der Übung |
| • Ich beobachte die Kinder und greife helfend ein, wenn ich darum gebeten werde oder wenn ich sehe, dass ein Kind Schwierigkeiten hat. | • Vorbeugen von Frustrationen<br>• Positive Bekräftigung<br>• Motivierung |
| • Nach ausreichend erfolgten Probedrucken teile ich weißes Papier aus und fordere die Kinder auf, verschiedene Blattarten dekorativ auf dem Papier anzuordnen. | • Gestaltungsphase: Entwickeln von Phantasie bei der Blattaufteilung<br>• Anwendung der geübten Technik<br>• Erfolgskontrolle |
| • Sollten einige Kinder, die die Technik bereits beherrschen, rascher mit ihrer Arbeit fertig sein als die kleineren, unerfahreneren Kinder, schlage ich ihnen vor, ein zweites Blatt zu bedrucken. | • Vorbeugen von Langeweile, Nichtbeschäftigung, evtl. Unruhe |
| • Wenn alle Kinder mit ihrer Arbeit geendet haben, schreibe ich die Namen auf die Drucke. | • Identifizierung mit dem eigenen Produkt<br>• Vermittlung von Erfolgserlebnis |

| Vorgehen | Begründung |
|---|---|
| **Schluss** | |
| • Während die Drucke trocknen, fordere ich die Kinder zum Aufräumen auf unter Verteilung der einzelnen Aufgaben:<br>• Pinsel auswaschen<br>• Wassergläser leeren und auswaschen<br>• Zeitungspapier und nicht mehr verwendbare Blätter in den Papierkorb werfen<br>• Wachsdecken zusammenlegen<br>• Unbenutzte Blätter und Tuschfarben auf den Beistellwagen räumen | • Durch Verteilung der Aufgaben Orientierungshilfe geben<br>• Sozialverhalten wird geübt: alle tragen zur Arbeit bei; Vermittlung von Gemeinschaftsgefühl |
| • Ich bringe den aus Tonpapier angefertigten Baumstamm an der Pinnwand an und erkläre den Kindern, dass wir einen Phantasiebaum gestalten wollen, der die Blätterdrucke der Kinder trägt, welche ich ebenfalls an der Pinnwand befestige. (Evtl. nochmaliges Benennen der Blattarten.) | • Einbringen der Einzelarbeit in die Gruppenarbeit<br>• Lernzielkontrolle |
| • Ich bitte die Kinder, ihre Kittel auszuziehen und auf einen Stuhl zu legen. Ich teile ihnen das Ende der Beschäftigung mit und verabschiede mich. | |

## 11. Literatur

Allen, J.: Tolle Sachen aus Naturmaterial. Ravensburg, Ravensburger Buchverlag 1984

Das nächste Praxisbeispiel beschäftigt sich mit dem Thema „Elektrizität". Die Lernziele wurden in dieser Ausarbeitung nicht in Grob- und Feinziele unterteilt, sondern den einzelnen übergreifenden Lernbereichen zugeordnet.

Die Ausarbeitung besteht aus den Gliederungspunkten „Thema", „Aufgabe", „Material", „Lernziele" und „geplanter Verlauf".

## Beispiel Nr. 6: Elektrizität

Verdeutlichung des Stroms anhand von Gesprächen und Experimenten

Thema

Kinder werden heute ständig (im elterlichen Haushalt, im Kindergarten und sogar beim Spielen) mit Elektrizität konfrontiert. So genießen die Kinder täglich die Annehmlichkeiten, die die Elektrizität ihnen bietet (häufig ohne sich dessen bewusst zu sein), sind aber auch täglich den Gefahren ausgesetzt, die der falsche Umgang mit elektrischen Geräten mit sich bringt (wobei sich einige Kinder nicht darüber im Klaren sind, andere dagegen aufgrund einer zu allgemeinen Information über die Gefahren der Elektrizität Ängste vor allem, was mit Strom zu tun hat, entwickeln). So ist es notwendig, das Thema Elektrizität mit den Kindern zu erörtern, damit sie Strom weder für ein unbegreifliches Wunder noch für einen selbstverständlichen Bestandteil ihres Lebens noch für eine große Gefahr, der man möglichst aus dem Wegegehen sollte, halten.

Aufgabe

Die altersgemischte Gruppe (3 bis 6 Jahre) erlebt anhand von Gesprächen und Experimenten, dass es noch nicht immer Strom gab, was Strom bewirken kann, wie er erzeugt wird und wie man mit Elektrizität umgehen muss, um Gefahren zu vermeiden. Die Aufteilung der gezielten Beschäftigung in Gesprächs- und Experimentierphasen soll bewirken, dass die Kinder gründlich informiert werden und gleichzeitig die Gelegenheit haben, sich aktiv mit diesem Themenbereich auseinanderzusetzen. Sie werden so ein reflektierteres Verhältnis zur Elektrizität entwickeln.

Material

Diverse elektrische Geräte (Lampe, Fön, Kaffeemühle, elektrischer und handbetriebener Mixer, Radio, Kochplatte, Elektrowecker, Tauchsieder), Kochtopf, Wasser, Taschentuch, Fahrrad, Batterien, Kabel, Glühbirne, Verlängerungsschnur, Taschenlampe, Klingeldraht

Lernziele

### (a) Kognitiver Bereich

- die Kinder wissen, dass es früher keinen Strom gab;
- die Kinder wissen, dass Strom im Elektrizitätswerk erzeugt wird;

- die Kinder wissen, dass der Strom von dort in Leitungen (Kabeln) in die Wohnungen fließt;
- die Kinder erkennen, dass der Strom die verschiedensten Geräte betreiben kann;
- die Kinder erkennen, dass sie selbst Strom erzeugen können;
- die Kinder kennen die Funktion verschiedener elektrischer Geräte;
- die Kinder wissen, dass man unter Einhaltung bestimmter Verhaltensmaßregeln gefahrlos mit Elektrizität umgehen kann (nicht mit nassen Händen elektrische Geräte berühren, keine elektrischen Geräte in die Badewanne nehmen, defekte Kabel nicht berühren, nichts – außer Stecker – in die Steckdose stecken, defekte elektrische Geräte nicht benutzen).

### (b) Psycho-motorischer Bereich

- die Kinder sind in der Lage, verschiedene elektrische Geräte zu handhaben;
- die Kinder können elektrisches Licht mit einer Batterie, zwei Kabeln und einer Glühbirne erzeugen;
- die Kinder können mit Hilfe eines Fahrrad-Dynamos selber Strom erzeugen.

### (c) Emotional-affektiver Bereich

- die Kinder können sich vorstellen, wie ihr Leben ohne Elektrizität aussähe,
- die Kinder verlieren ihre unbestimmte Angst vor Elektrizität.

## Geplanter Verlauf

### (a) Einstieg

Ich setze mich mit den Kindern in einen Stuhlhalbkreis und stelle mich vor.

Zu Beginn erzähle ich eine Geschichte, die kindliche Tagesabläufe vor 100 Jahren den heutigen gegenüberstellt. Dabei lasse ich die Kinder Unterschiede herausstellen und frage, was diese Unterschiede hervorgerufen hat. Kommen die Kinder nicht gleich auf den Strom, stelle ich gezieltere Fragen. Ich weise noch einmal darauf hin, wie sehr der elektrische Strom das Leben der Menschen verändert hat.

### (b) Hauptteil

Ich zeige den Kindern nun bereitgelegte elektrische Geräte (siehe Material) und frage, wie sie heißen und warum sie im Augenblick nicht funktionieren (nicht an die Steckdose angeschlossen). Ich schließe die Geräte an das Stromnetz an und bitte einzelne Kinder, sie in Gang zu setzen und zu beschreiben, was das Gerät tut (z.B. das Radio erzeugt Töne, die Lampe erzeugt Licht …). Um die Vorstellung der verschiedenen Geräte anschaulicher zu machen, setze ich einige Hilfsmittel ein (der Fön bewegt das Taschentuch, auf der Kochplatte erwärmt sich Wasser). Ich erinnere noch einmal daran, dass es immer der elektrische Strom ist, der alle Geräte in Gang setzt. Ich frage, woher die Geräte den Strom bekommen. Fällt die Antwort „aus der Steckdose“, frage ich, wie der Strom in die Steckdose kommt. Wissen einige Kinder darüber Bescheid, greife ich ihre Antworten auf und erläutere sie näher; wissen sie keine Antwort, erkläre ich kurz, dass der Strom im Elektrizitätswerk erzeugt wird und dass er von dort durch Kabelleitungen zu unseren Steckdosen gelangt.

Nun frage ich, ob wir auch selber „unseren eigenen“ Strom erzeugen können. Nachdem die Kinder geantwortet haben, hole ich ein Fahrrad in den Stuhlkreis, stelle es auf Sattel und Lenker und lasse ein oder mehrere Kinder (nacheinander) das Vorderrad bewegen. Die anderen Kinder dürfen nun beschreiben, was geschieht (die Lampen beginnen zu leuchten). Ich erkläre den Kindern, dass die Lampen aufleuchten, weil das vorführende Kind das Rad bewegt, an dem sich nun der Dynamo bewegt und Strom erzeugt. Ich bitte das entsprechende Kind, mit dem Drehen aufzuhören, und wir sehen, dass das Licht erlischt. Wir stellen fest, dass wir selbst Strom erzeugen können.

Nun frage ich die Kinder, ob man Strom auch aufbewahren, speichern kann. Nachdem sich die Kinder dazu geäußert haben, zeige ich die mitgebrachten Batterien und erkläre, dass darin Strom gespeichert ist. Um dies zu beweisen, halte ich zwei Drähte an die Pole der Batterie und an eine Glühbirne. Die Glühbirne leuchtet auf, weil der gespeicherte Strom aus der Batterie nun durch die Drähte fließt. Ich lasse einige Kinder mein Experiment wiederholen (Drähte an die Glühbirne halten).

### (c) Schluss

Zum Schluss stellen wir fest, dass elektrischer Strom etwas sehr Nützliches ist, weil er uns viel Arbeit abnimmt (Erinnerung an die einleitende Geschichte). Ich frage, ob Strom auch gefährlich sein kann und wann er gefährlich wird. Wissen einige Kinder schon etwas von den Vorsichtsmaßnahmen, unter denen man mit Elektrizität umgehen muss, lasse ich sie berichten und bestärke sie; ansonsten erkläre ich einige Regeln (mit nassen Händen darf kein elektrisches Gerät angefasst werden, man darf kein elektrisches Gerät mit in die Badewanne nehmen, man darf nicht in Steckdosen herumstochern, Vorsicht bei kaputten elektrischen Geräten und Kabeln). Als Lernzielkontrolle bitte ich die Kinder, diese Regeln noch einmal zu wiederholen und erkläre, dass elektrischer Strom nur dann gefährlich ist, wenn wir diese Regeln nicht beachten.

## 2 Kurzfassungen

Die folgenden zwei Kurzfassungen wurden im Rahmen einer dreimonatigen Projektarbeit in einer Kindertagesstätte für Hortkinder erstellt. Es handelt sich um Ausarbeitungen für einen ca. 1 1/2-stündigen Beschäftigungszeitraum.

# Vorbereitung einer gezielten Beschäftigung

Praktikantin: Gruppe (Alter): Hortgruppe, 6–13 J. (Kindertagesstätte) Datum:
Zeit:

Gesamtthema: Anfertigung von Gegenständen, die zum Spielen mit nach Hause genommen werden können (Projekt über 10 Nachmittage, je 1 1/2 Std. wöchentl./4. Beschäftigung).

Beschäftigungsthema: Selbständige Anfertigung einer einfachen Marionette (Tier) aus Holz u. Filz (s. auch Skizze).

Ziele:
Grobziel:
Die Kinder können neue Werkzeuge handhaben und experimentieren mit einer Marionette.
Feinziele:

- Die Kinder üben den richtigen Umgang mit Feinsäge und Schneidelade.
- Die Kinder erkennen durch Experimentieren die verschiedenen Bewegungsmöglichkeiten einer einfachen Marionette.

Medien: Fertige Marionette als Anschauungsobjekt. Material: Rundholzabschnitte, Filz, Nägel, Schraubösen, Holzperlen, Klebstoff, Wollfäden, Filzstifte.

Werkzeug: 2 Schneideladen, Hammer, Schere, Schablone, 2 Feinsägen, Kombizange, Schleifpapier.

| | didaktische Absicht | Methode | Begründung |
|---|---|---|---|
| Einstieg | • Ankündigung dieser Werkarbeit in der letzten Woche.<br>• Die Kinder dürfen das Anschauungsobjekt in die Hand nehmen und mit ihm experimentieren. | Nachdem die Kinder Freude an dem Spiel mit der Marionette empfunden haben, beginnen sie mit der Herstellung einer eigenen. Wir besprechen zunächst: Welche Körperteile gehören zur Marionette? Aus welchen Materialien wird sie hergestellt?<br>Dann stelle ich die entsprechenden Werkzeuge (Schneidelade, Feinsäge, Zange, Schablone) auf den Tisch und erkläre, wie diese Werkzeuge richtig gehandhabt werden. | • Die Kinder sollen schon einige Bewegungsmöglichkeiten der Marionette erkennen.<br>• Die Kinder sollen theoretisch erfahren, wie Säge und Schneidelade gehandhabt werden. |

| | | | |
|---|---|---|---|
| Hauptteil | • Die Kinder können bisher unbekannte Werkzeuge erproben. | Während 2 Kinder das 3 cm starke Rundholz durchsägen, um Kopf und Körper der Marionette herzustellen, malen die anderen auf Filz mit einem Filzstift um eine Schablone herum, um das Fell und die Beine des Tieres herzustellen. Nach und nach schneiden alle Kinder das Fell aus und stellen Kopf und Körper her. Die Kinder schmirgeln Kopf und Körper sowie die vorbereitete Halterung (Rundholz 8 mm ø, 12 cm lang, 2 Bohrlöcher an den Enden) glatt. Nun wird das kurze Rundholz (Kopf) am Hirnholz, das lange Rundholz (Körper) mit der Maserung mit Klebstoff bestrichen. Holz- und Filzteile werden miteinander verbunden (siehe Skizze). An dem Hinterkörper und am Kopf der Marionette werden mit Hilfe einer Kombizange Schraubösen eingedreht. An die Filzbeine des Tieres werden von außen die Holzperlen (2 cm ø) geklebt. Durch die Löcher des Holzstabes wird ein Wollfaden gezogen und an den Ösen festgeknotet. Den Marionetten wird ein Gesicht aufgemalt. Gemeinsames Aufräumen. | • Die Kinder erproben praktisch den Umgang mit Feinsäge und Schneidelade.<br>• Die Kinder erkennen, dass sich ein Spielzeug leicht und schnell selber herstellen lässt. |
| Schluss | • Die Kinder dürfen die Bewegungsmöglichkeiten ihrer eigenen Marionette ausprobieren. | Die Kinder nehmen die Halterung ihrer Marionette in die Hand und probieren im gemeinsamen Spiel deren Bewegungsmöglichkeiten aus. | • Die Kinder sollen die verschiedenen Bewegungs- und Spielmöglichkeiten ihrer Marionette erkennen und ausprobieren. |

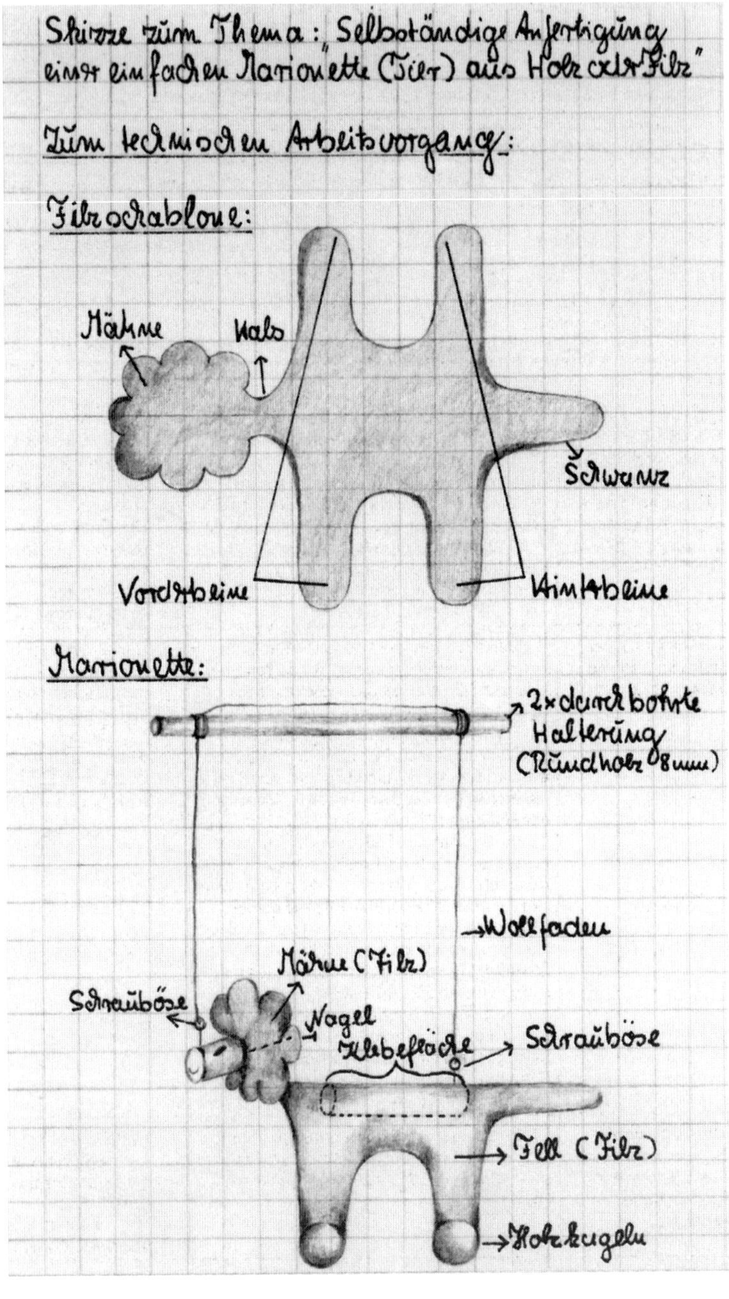
Skizze zum Thema: „Selbständige Anfertigung einer einfachen Marionette (Tier) aus Holz oder Filz"
Zum technischen Arbeitsvorgang:
Filzschablone:
Mähne
Hals
Schwanz
Vorderbeine
Hinterbeine
Marionette:
2x durchbohrte Halterung (Rundholz 8mm)
Wollfaden
Mähne (Filz)
Schrauböse
Nagel
Klebefläche
Schrauböse
Fell (Filz)
Holzkugeln

# Vorbereitung einer gezielten Beschäftigung

| | |
|---|---|
| Praktikantin: | Gruppe (Alter): Hortgruppe, 6–13 J. (Kindertagesstätte) |
| Datum: | Zeit: 14.00 Uhr–15.30 Uhr |

Gesamtthema: Förderung der Sozialkompetenz
(Projekt von Jan.–März 96/2 Std. wöchentl./3. Beschäftigung)

Beschäftigungsthema: Malen des eigenen Körpers in Lebensgröße.

Ziele:
Grobziel: Mit gleichaltrigen und älteren Kindern spielen.
Feinziele:
- Abbau von Berührungsängsten,
- auf den Spielpartner eingehen,
- sich darstellen und mitteilen.

Medien: Papierrolle (Makulaturpapier), extra starke Filzstifte, Vielzweck-Kleber, Tesafilm.

| | didaktische Absicht | Methode | Begründung |
|---|---|---|---|
| Einstieg | Erklärung unseres Vorhabens anhand eines praktischen Beispiels (Demonstration). | Die Papierrolle wird auf dem Boden ausgerollt. Susanne legt sich auf das Papier. Gaby umrandet Susannes Körper mit einem Filzstift. | Kinder erfassen den Arbeitsverlauf, werden zum Mitmachen aktiviert. |
| Hauptteil | Ausführung durch die Kinder. Auf den Spielpartner eingehen, sich darstellen und mitteilen. | Die Kinder legen sich nacheinander auf das Papier. Je ein Kind umrandet den Körper eines anderen Kindes mit einem Filzstift.<br>Die Hände der auf dem Papier liegenden Kinder sollen sich berühren, so dass sich die Abbildungen „anfassen", eine Reihe bilden, um dann zu einem Wandbild zusammengeklebt zu werden.<br>Jedes Kind malt seinen eigenen Körperumriss auf dem Papier so an, wie es sich selbst sieht oder sehen möchte.<br>Die einzelnen Papierbahnen werden zusammengeklebt. | • Abbau von Berührungsängsten;<br>• Rücksichtnahme auf den anderen;<br>• eigene Vorstellungen innerhalb der Gruppe verwirklichen;<br>• Arbeitsfläche und Art der Tätigkeit erfordern ein situationsgerechtes Verhalten. |

| | | | |
|---|---|---|---|
| Schluss | Anbringen des Wandbildes im Gruppenraum. Anschließend betrachten und besprechen. | Das Bild wird an den dafür vorgesehenen Platz gebracht. Kinder äußern sich im Gespräch zum Gemeinschaftsbild. | • Kritische Reflexion der eigenen Arbeit, Fremd und Selbstkritik<br>• Erkennen: Gemeinsames Tun kann Spaß machen |

# Von der Einzelaktivität zur Projektarbeit

Projekte sind arbeits- und zeitaufwendiger als einzelne Beschäftigungen und Aktivitäten.

Sie setzen mehr Absprachen im Team und auch mit Eltern voraus, die bei größeren Vorhaben als Mitwirkende, Begleiter und Helfer benötigt werden. Die ganzheitlichen Lernerfahrungen, die Kinder im Rahmen von Projekten machen können, lohnen die Mühe und den Zeitaufwand allemal.

Definition

Projektarbeit lässt sich ganz allgemein als das selbstständige, intensive Bearbeiten eines Themas, einer Aufgabe oder eines Problems durch eine Gruppe definieren. Und zwar von der Planung über die Durchführung bis zur Auswertung und Präsentation der Ergebnisse.

Auf den Kindergarten übertragen bedeutet Projektarbeit, dass Kinder gemeinsam mit ihrer Erzieherin (Eltern, Fachleuten) zu selbst gewählten Themen Fragen entwickeln, weitestgehend selbstständig nach Lösungswegen suchen und neue Erkenntnisse gewinnen. Der Weg, also der Prozess, ist dabei von größerer Bedeutung als das Ergebnis oder Produkt.

**Lebendiges, ganzheitliches Lernen**

Projektarbeit im Kindergarten, ob gruppenintern oder -gruppenübergreifend, wird den Ansprüchen nach lebendigem, ganzheitlichem Lernen (Körper, Geist und Seele), individueller Förderung und Partizipation in besonderer Weise gerecht. Wir können mit den Kindern sowohl Kurzprojekte (z.B. Kochen) von nur einem Tag als auch Langzeitprojekte (z.B. aus Umwelt, Natur, Technik, Kultur) durchführen, die über eine oder mehrere Wochen gehen. Projekte mit Themen- und Produktorientierung setzen sich mit klar umrissenen Themen und Aufgaben auseinander und enden meist mit einem Produkt oder einer Abschlusspräsentation. Zielgruppenorientierte Projekte beschäftigen sich mit Aufgaben, die für die jeweilige Kindergruppe von besonderer Bedeutung sind. Bei beiden Projektformen geht es um die handelnde Auseinandersetzung mit der Wirklichkeit, um eine flexible Planung mit Situationsbezügen und um die Orientierung an den Interessen der Kinder.

## Grundsätze für die Projektarbeit im Kindergarten

Wer im Elementarbereich Projekte mit Kindern plant, muss wissen, auf welche Weise sie lernen. Dies geschieht auf natürliche Art in ihrer natürlichen Umgebung: in ihrer Familie, in ihrer Straße und zusammen mit ihren Spielkameraden. Das Kind schaut der Mutter oder dem Vater bei der Hausarbeit zu, geht mit den Eltern einkaufen und beobachtet den Vater beim Versuch, den Rasenmäher zu reparieren. Es sieht die Bauarbeiter, die in der Straße Kanalisationsrohre verlegen, die vorbeifahrende Feuerwehr mit Blaulicht und Martinshorn, schaut dem Klempner zu, der im Elternhaus einen Wasserhahn ersetzt, erlebt streitende Kinder in der Sandkiste und vieles mehr.

**Die Welt im Dialog erschließen**

Das Kind macht seine Lernerfahrungen sporadisch, punktuell in den unterschiedlichsten Bereichen seiner Umwelt und doch erlebt es Sachzusammenhänge in einem natürlichen Gesamtrahmen. Es stellt Fragen und erhält eine Erklärung. So erschließt sich das Kind die Welt im Dialog mit anderen (Eltern, Erzieherin, Geschwistern, Nachbarn).

Die Aneignung der Umwelt ist ein aktiver wie subjektiver Prozess, bei dem das zunächst Fremde in eigenes Wissen und Erleben verwandelt wird.

Projekte mit Kindern zeichnen sich durch folgende Grundsätze aus:

- Die Lebenssituation der Kinder ist zu berücksichtigen. Um dem gerecht werden zu können, muss die Erzieherin die individuelle Situation der Kinder kennen.

**Lebenssituation berücksichtigen**

- Um die Lernfreude, Neugier und das Interesse der Kinder anzuregen und zu stärken, verhelfen wir ihnen zu größtmöglicher Selbsttätigkeit (handlungsorientiertes, selbstentdeckendes Lernen, Stärkung der autonomen Persönlichkeit).
- In der Projektarbeit versuchen wir alle Lern-, Sozial- und Aktionsformen zu berücksichtigen, die dem Kind ganzheitliches Lernen ermöglichen und es in seinen Fähigkeiten und Fertigkeiten weiterentwickeln.
- Das Kind erhält die Möglichkeit Primärerfahrungen zu machen. Erfahrungslernen zeichnet sich besonders durch Anschaulichkeit und Konkretheit aus. Kinder lernen im Wechsel von Erfahrung und Reflexion (siehe Anschauungsprinzip).

**Primärerfahrungen machen**

- Unter Berücksichtigung seiner individuellen Neigungen, Begabungen, entwicklungsbedingten Fertigkeiten und eventuellen Handicaps kann das Kind seine Potentiale und Stärken einbringen.
- Durch „spiralförmiges Lernen“, den ständigen Wechsel von Gruppengesprächen, Experimenten, Rollenspielen, Mal- und Gestaltungsaktivitäten, Ausflügen in die Umgebung und Besichtigungen im Rahmen eines Projektes kommt es zur Vertiefung und Verinnerlichung der Thematik. Die Kinder lernen verschiedene Aspekte des Themas kennen. Sie beobachten, erforschen, erfahren, reflektieren, erkennen, tauschen sich im Gespräch aus, handeln und sind kreativ.

**„Spiralförmiges Lernen“**

- Partizipation: Die Kinder können von Anbeginn des Projektes mitbestimmen, gemeinsam mit der Erzieherin das Projektthema auswählen und Ideen und Vorschläge zur Projektplanung und zum Projektverlauf machen.
- Methodenvielfalt , Abwechslung und Vielseitigkeit der Aktivitäten erhöhen das Wohlbefinden, die Ausdauer und Zufriedenheit der Kinder.

**Methodenvielfalt**

- Lebensnähe: Für Kinder, die im Projekt ihr Umfeld, also ihre Lebenswelt erkunden, ist das Erlebte und Gelernte von besonderer Bedeutung für ihr alltägliches Leben und kann sofort in anderen Situationen angewendet werden.

Orientierung am Kind

- Orientierung am Kind: Ein Projekt dauert nur solange, wie die Kinder intrinsisch, also aus eigenem, inneren Antrieb mit Spaß und Interesse bei der Sache sind.
- Kooperation mit Eltern: Bei größeren Projektvorhaben hängt das gute Gelingen auch von der Mitwirkung von Eltern ab. Es empfiehlt sich für die Erzieherinnen, Eltern als Bildungspartner mit ins Boot zu holen. So kann als Nebeneffekt eines Projektes die Elternarbeit aktiviert und ein positives Bild von der Bildungs- und Erziehungsarbeit in der Öffentlichkeit verstärkt werden.

## Projektverlauf

In der Regel geht die Initiative zu einem Projekt von der Erzieherin oder von den Kindern aus. Die Projektidee ergibt sich entweder aus einer Situation, ist spontan oder geplant.

Spontan oder geplant

Was aktuell geschieht, z.B. Reparaturarbeiten im Kindergarten, kann Ausgangspunkt für eine Projektidee zum Thema „Handwerker und ihre Werkzeuge, Geräte und Maschinen“ werden. Themen ergeben sich auch aus einem spontanen Interesse, wie einem Waldspaziergang mit der Gruppe, bei dem allerlei Naturmaterialien gesammelt und in den Kindergarten mitgenommen wurden, um daraus gemeinsam auf einer großen Holzplatte eine Zauberlandschaft entstehen zu lassen. Geplante Projekte setzen sich gezielt mit einem meist von der Erzieherin unter Einbeziehung der Kinder intensiv vorbereiteten Thema auseinander (z.B. „Wie lebe ich, wie leben die Kinder in Grönland/in Zentralafrika/ in China?“).

Ablaufplan

Vom Ablaufplan her ergeben sich sieben Schritte

1. Projektinitiative (Anlässe: eine aktuelle Situation, eine spontane Idee der Kinder oder ein ausgearbeiteter Vorschlag der Erzieherin)
2. Gruppe entscheidet über das Weiterverfolgen der Projektinitiative
3. Entwurf einer Projektskizze oder eines Projektplans
4. Vorbereitung des Projekts
5. Durchführung des Projekts
6. Präsentation der Ergebnisse bzw. des Produkts
7. Auswertung des Projekts

Für die persönliche Evaluation und Reflexion der Erzieherin empfehlen sich die gleichen Fragestellungen, Beobachtungs- und Beurteilungskriterien wie sie im Kapitel „Auswertung gezielter Beschäftigungen" aufgeführt sind.

**Evaluation und Reflexion**

Die Erzieherin in der Projektarbeit

- schafft Gelegenheiten im Kindergartenalltag, in denen Kinder Situationen mitgestalten können, für sich und andere Verantwortung übernehmen und gemeinsam Aufgaben und Probleme lösen können;
- nimmt die Ideen, Interessen, Wünsche und Fragen der Kinder wahr und fördert den Dialog untereinander. Sie greift Themen der Kinder auf, nimmt sie ernst (Was interessiert euch an dem Thema? Was wisst ihr schon darüber? Was wollen wir tun?) und bezieht sie aktiv in die Planung, Durchführung und Auswertung ein;

**Themen der Kinder aufgreifen**

- setzt Impulse, indem sie ihre Kenntnisse, Erfahrungen Wünsche und Interessen einbringt. Sie steht den Kindern mit ihrem Wissen und Können zur Verfügung und gibt Hilfe, wenn sie gebraucht und gewünscht wird;

**Impulse setzen**

- informiert sich und setzt sich eingehend mit dem beabsichtigten Projekt (z.B. „Kinder in anderen Ländern") auseinander, eignet sich Fachwissen zum Thema an (eigene Sachkompetenz). Motiviert, falls erforderlich, Eltern zur Mitarbeit und knüpft Kontakte, die für das Projekt genutzt werden können, etwa zu einem Vater, der bei der Feuerwehr arbeitet.
- inspiriert und ermuntert im Projektverlauf, lässt probieren, experimentieren und entdecken. Im Dialog mit den Kindern gibt sie ihnen Sicherheit, koordiniert, beobachtet und reflektiert gemeinsam mit den Kindern;

**Ermuntern**

- beobachtet, dokumentiert, hält einzelne Arbeitsschritte im Videofilm, durch Fotos und/oder in einem Projektordner fest. Sie regt Kinder zu Gesprächen an, informiert Kolleginnen und Eltern über den Projektverlauf;
- unterstützt die Kinder bei der Präsentation der Ergebnisse (wie z.B. Bilder, Plakate, Collagen, angelegte Sammlungen, gefertigte Modelle, eine Theateraufführung, Gesang, ein Fest zum Projektthema) lobt und bekräftigt sie für ihr geleistete Arbeit.

Die Kinder in der Projektarbeit

**Ganzheitliche Lernerfahrungen**

- machen ganzheitliche Lernerfahrungen, schulen ihre Sinne und Wahrnehmungsfähigkeit, entwickeln ihre Grob- und Feinmotorik weiter, zeigen Fantasie in ihren kreativen Fertigkeiten;
- erwerben Dispositionen wie Neugier, Forscherdrang, Lernmotivation und Ausdauer;
- bringen sich aktiv ein (learning by doing) und erweitern durch Selbsttätigkeit nachhaltig ihr Wissen über die bearbeiteten Projektthemen;

**Lernen am Themenbeipiel**

- lernen am Themenbeispiel, wie man lernt und erweitern ihren Horizont;
- erfahren sich selbst und erleben, wie andere Kinder Aufgaben und Probleme lösen;
- tauschen sich verbal mit anderen aus, formulieren eigene Interessen und setzen sie ggf. durch, lernen Gesprächsregeln und Verhaltensregeln, setzen sich mit der Meinung anderer auseinander und stärken dabei ihre Sprachkompetenz;
- lernen mit Konflikten konstruktiv umzugehen, zeigen Empathie;

**Selbstständigkeit entwickeln**

- übernehmen Mitverantwortung, entwickeln Selbstständigkeit, Selbstvertrauen, Selbstbewusstsein und ein positives Selbstbild;
- üben durch den längeren Zeitraum, den das Vorhaben beansprucht, Ausdauer und Durchhaltevermögen;
- haben Freude vielfältigen Geschehen, das sie selbst beeinflussen können;
- sind stolz auf das erreichte Ergebnis.

## Projektthemen

Neben Projekten, die aus einer Idee, einem Vorschlag der Kinder, einem Ereignis oder spontan aus einer Situation heraus entstehen, gibt es gibt unzählige Themen, die wir in Projekten behandeln können.

Im Anschluss an dieses Kapitel finden Sie 131 Themenvorschläge, die lebensnah sind und von der Erzieherin initiiert, den Kindern neue Lernfelder erschließen.

**Ideen der Kinder**

Beispiele für Projekte, die sich aus Ideen und Vorschlägen der Kinder entwickeln:

- die Stadt wird erkundet

- mit großen Kartons Fernsehen spielen
- Kinder verkleiden sich (Theater)
- Höhlen bauen
- Fasching feiern
- Vögel im Garten beobachten (Vogelhäuschen)

**Aus der Situation heraus**

Beispiele für Projekte, die aus einer Situation heraus entstehen:

- Erlebnisse beim Spaziergang, im Museum, Tierpark, am Wasser, im Wald
- Jahreszeitliche Erlebnisse (Weihnachten, Schnee, Iglu bauen, Frühlingsblumen auf der Wiese, Tiere, Gemüsebeet anlegen, Sommer, Wasserspiele, Straßenmalerei, Herbst, Ernte, Drachenbau ...)
- Begegnungen (mit Handwerkern im Haus, Maurer, Maler, Installateur; andere Berufe: Bäcker, Händler auf dem Wochenmarkt, Feuerwehr, Müllabfuhr, Polizei ...)

**Von der Erzieherin initiiert**

Auch bei Projekten, die von der Erzieherin initiiert und gelenkt werden, ergeben sich Fragen wie:

Ist das ausgewählte Thema kindgemäß, lebensnah und verständlich? Was kann die Kinder an dem Thema besonders interessieren? Was wissen sie bereits darüber? Welche Lernerfahrungen können die Kinder bei diesem Thema machen? Welche Erkenntnisse ergeben sich kurz- und langfristig für das Kind?

**Lernfelder**

Beispiele für Projekte in verschiedenen Lernfeldern:

| | |
|---|---|
| *Jahreslauf:* | Frühling, Ostern, Muttertag, Sommer, Ferien- und Reisezeit, Herbst, Erntezeit, Laternenzeit, Winter, Advent und Weihnachten, Fasching (Karneval), Kindergeburtstage, Themenfeste ... |
| *Garten im Frühjahr:* | Pflanzen und Samen kaufen, einsetzen, gießen, Keimvorgang, Wetter ... |
| *Kochen:* | Einkaufen, Zutaten besorgen, abwiegen, abmessen, rühren, kneten, schälen, schneiden, mixen, quirlen, Umgang mit Küchengeräten, Verpackungen öffnen, Herd an- und abschalten; Rezepte ausprobieren, ausländische Speisen kennenlernen, zubereiten ... |

*Umwelt:* Straßen, Menschen auf der Straße, Verkehr, Haltestelle, Gebäude, Spielplätze, Park, der Laden an der Ecke, den Weg zum Kindergarten kennen, Pflastermaler mit dicken Kreiden, Straßenarbeiten …

*Haustiere:* Hund, Katze, Meerschweinchen, Fische im Aquarium, Aussehen, Arten, Pflege, Fütterung, Verhalten …

*Müllabfuhr:* Was wir (Mutter, Vater) so alles wegwerfen. Wer holt den Müll ab, wohin kommt der viele Müll? Mülltrennung …

*Natur:* Pflanzen, Bäume, Tiere, Witterung, Jahreszeiten, Arbeiten im Garten, Tierpflege, Wildpark- oder Zoobesuch, Blumenpflege, Früchte von Bäumen, Blätter, Herbstlaub …

*Technik:* Verkehr, Handwerkszeug, Maschinen, Materialien, Haushaltsgeräte, CD-Player, Digitalkamera, Webcam, technisches Spielzeug, PC, Fernsehen, elektrischer Strom, Mutter bügelt, Vater werkelt in der Garage am Auto, Tankstelle, Autowerkstatt …

*Kultur:* Bilderbücher, Lieder, Musikinstrumente; Gegenstände, mit denen sich Musik machen lässt, malen, gestalten, werken, Märchen, wir machen Drauflosspieltheater, Feste, Feiern, Bräuche …

# Themenvorschläge für die Praxis

Die folgenden Themenvorschläge verstehen sich als Impulse und Anregungen für die Durchführung gezielter Beschäftigungen und Projekte.

Bitte bedenken Sie:

Es ist nicht die Aufgabe des Kindergartens, pädagogische Ziele lehrplanmäßig – wie in der Schule – zu verfolgen. Ausgangspunkt für alle zu stellenden Themen und Lernziele ist vielmehr die Lebenssituation des Kindes! Im vorschulischen Alter erlebt es ohnehin alle Bereiche seines körperlich-geistig-seelischen Seins ganzheitlich, so dass ein „fächerorientiertes Lernen“ weder den Bedürfnissen noch dem Alter und Entwicklungsstand des Kindes gerecht wird.

Die Unterteilung in Lernbereiche soll nicht nur zeigen, welche Möglichkeiten die Erzieherin im Kindergarten hat; sie dient auch der Übersicht und Selbstkontrolle für langfristige Planungen.

Durch Zuordnung einzelner Lernziele zu mehreren Lernbereichen sind Überschneidungen möglich.

# 1 Sozialerziehung

- Meine Familie und ich.
- Kinder malen sich selbst (Spiegelbildmalerei).
- Freude und Traurigkeit.
- Problemgeschichte – Wie mag es wohl weitergehen?
- Wie lebe ich und wie leben andere?
- Blindheit – Was ist Blindheit? Wie lebt ein Blinder?
- Alte Menschen.
- Weihnachten in der Familie. Was schenke ich Vater, Mutter und Geschwistern?
- „Vertragen und nicht schlagen“ – Gespräch über Konflikte aus der Erfahrungswelt des Kindes.
- Wir besuchen soziale Institutionen (z.B. ein Altenheim).
- Rollenspiele (z.B. „Familienalltag“, „Ich bin krank“, „Ein Wochenendausflug“, „Streit mit Freunden“).
- Wir ziehen in einen anderen Ort.
- Was wir am Wochenende machen.

# 2 Umwelt-, Sach- und Naturbegegnung

- Wie wohnt der Mensch (einzelnes Zimmer, Einfamilienhaus, Wohnblock, Hochhaus)?
- Straße und Stadtteil kennenlernen.
- Wohnen auf dem Lande und in der Stadt.
- Wohnen alle Menschen in einem festen Haus?
- Wie lebt ein Binnenschiffer?
- Mit der Technik im Haushalt vertraut machen. Welche Geräte benutzen die Eltern in der Küche?
- Vergrößerungen mit der Lupe und dem Mikroskop.
- Bald komme ich in die Schule. Wie sieht eine Schule aus?
- Berufe raten. Informationen über alte und neue Berufe.
- Arztbesuch.
- Wir verreisen mit unseren Eltern.
- Die Uhr.
- Besuch bei der Feuerwehr.
- Obst im Herbst. Wir machen Obstsalat.
- Herbst-Spiele (Windrad, Drachen, Laub sammeln und verarbeiten).

- Einkaufen. Umgang mit Geld lernen anhand eines Rollenspiels.
- Nahrung, die wir essen.
- Kinder in anderen Ländern.
- Umweltgeräusche erkennen und benennen (Kassettenrecorder).
- Zahnpflege.
- Wie wird Apfelsaft hergestellt?
- Wir stellen einen Pudding (Kuchen, Kekse usw.) her.
- Veränderung der Landschaft durch den Menschen (zum Nutzen?, zum Schaden?).
- Warum arbeiten die Eltern? Was ist Arbeit?
- Kinder mit Medien vertraut machen (Bilderbücher, Zeitung, Computer, CD, DVD, Digitalkamera).
- Wir besuchen eine Fabrik.
- Weltraumfahrt.
- Das Leben auf dem Jahrmarkt (im Zirkus).
- Feste im Jahreslauf (die Jahreszeiten).
- Der Bauernhof.
- Besuch eines Museums.
- Post. Der Weg des Briefes vom Absender zum Empfänger.
- Hygiene. Was ist Sauberkeit? Warum Sauberkeit?
- Unsere Umwelt sauber halten.
- Wir fertigen Christbaumschmuck (Osterschmuck usw.) an.
- Besichtigung einer Kirche.
- Meine Kleidung (Arten, Unterscheidungsmerkmale).
- Experimente mit Wasser.
- Mein Haustier.
- Wir besuchen eine Backstube.
- Von Menschen, die in einem Krankenhaus arbeiten.
- Experimente mit der Optik.
- Vom Schaf zum Schal. Wir drehen einen Wollfaden.
- Elektrizität. Woher kommt der Strom? Wozu brauchen wir ihn?
- Experimente und Spiele mit dem Licht.
- Vögel. Wir informieren uns über Nestbau und Aufzucht.
- Gewitter und Blitz.
- Wir besuchen den Tierpark.
- Bienen. Gespräch über Bienen, Honig, Bienenwachs.
- Gestalten mit Naturmaterialien (z.B. Holz, Blätter, Steine, Muscheln).
- Schnee (Wie entsteht Schnee? Schneemann/Schnee-Spiele).

- Tiere in fremden Ländern.
- Das Wetter.
- Was ist Magnetismus?
- Was verändert sich im Frühling (Sommer, Herbst, Winter)?
- Vögel am Futterhaus.
- In unserem Garten ist ein Igel.
- Der Baum – sein Nutzen für die Menschen.
- Der Storch ist ein Zugvogel.
- Wir lernen Handwerksgeräte und Maschinen kennen.
- Erfahrungen sammeln am PC.

## 3 Spracherziehung

- Geräusche mit geschlossenen Augen erkennen.
- Arbeiten mit dem Sprachtrainer.
- Aus einem Bild „lesen“ lernen (Bildbetrachtung).
- Spiele mit Reimwörtern.
- Sprachspiele (z.B. „Ich packe einen Koffer“).
- Jedes Kind berichtet über sein Lieblingsspielzeug.
- Wir erzählen eine Phantasiegeschichte.
- Spiele mit Schnellsprechsätzen.
- Rollenspiele.
- Die Erzieherin erzählt ein Märchen.
- Rätselspiele.
- Wir gehen ins Kindertheater.
- Arbeitsblätter mit sprachlichen Aufgaben.

## 4 Umgang mit Mengen, Zahlen und Formen

- Benennen von Farbe, Form und Größe („Logische Blöcke“).
- Gegensätzlichkeit „groß“ und „klein“.
- Mengen kennenlernen (z.B. von 1 bis 10).
- Wir legen Figuren.
- Mengenbegriffe „viel“ und „wenig“.
- Reihen bilden, ordnen lernen.
- Zähl-Spiele.

# 5 Ästhetische Erziehung

- Farben kennenlernen. Farben mischen.
- Hell und dunkel.
- Kleistermalerei (nach Musik).
- Wir drucken mit Stempeln (Blättern, Kordeln usw.).
- Gestalten mit verschiedenen Materialien.
- Wir malen (verschiedene Themen).
- Masken aus Papiertüten (aus Schuhkartons).
- Mit Knetmaterialien plastizieren.
- Wir schauen Bilderbücher (Bildmappen, Plakate usw.) an.
- Wir gehen in eine Kunstausstellung.

# 6 Musik- und Bewegungserziehung

- Herstellen von Klangquellen. Erzeugen von Geräuschen.
- Bewegungsspiele (Rhythmus und Tanz) als Einzel- und Gruppenbeschäftigungen.
- Erfahrung mit Musik (Kleisterbild).
- Musikalische Erfahrungen mit Hilfe eines Sprechreims (z.B. „Eine kleine Hex“).
- Lieder vor- und nachsingen.
- „Peter und der Wolf“ (akustische Wahrnehmung und Fantasie der Kinder anhand eines vertonten Märchens sensibilisieren).
- Wir lernen verschiedene Instrumente kennen.
- Wir vertonen eine Geschichte.
- Ausmusizieren eines Bilderbuches.
- Partnerübungen zur Förderung der Bewegungssicherheit.
- Wir machen Musik mit Zeitungen.
- Wir hören vertonte Kinderliteratur auf CDs.
- Experimente mit dem Kassettenrecorder (Geräusche-Raten, Musik, Hörspiel).
- Wir führen verschiedene Bewegungsarten durch.
- Vorstellungen in Bewegungen umsetzen (ein Luftballon im Wind, ein rasendes Auto, eine schleichende Katze usw.).
- Stimmen und Orff-Instrumente werden improvisierend eingesetzt.
- Entspannungsübungen.

## 7 Verkehrserziehung

- Verkehrsgeräusche erraten (auf CD und Kassette).
- Verkehrssituationen erleben.
- Wichtige Verkehrszeichen kennenlernen (Verkehrsregeln).
- Verhalten im Straßenverkehr.
- Verkehrsmittel (Auto, Bus, Motorrad, Fahrrad, Roller, Straßenbahn, Schiff, Flugzeug).
- Schätzübungen (Entfernung und Schnelligkeit).
- Mein Weg zum Kindergarten.
- Wir besuchen eine Polizeiwache.
- Spiele mit dem Verkehrsteppich (Rollenspiel).
- Impulse, Anregungen und zahlreiche Vorschläge für die Durchführung gezielter Beschäftigungen finden Sie in: Peter Thiesen: Arbeitsbuch Spiel für die Praxis in Kindergarten, Hort, Heim und Kindergruppe. Köln, 8. Auflage 2014, und im Literaturverzeichnis.

# Zu guter Letzt und doch ganz wichtig

Gibt es die ideale Erzieherin, den idealen Erzieher im Kindergarten? Idealen nachzueifern kann ein schwieriges Unterfangen sein und ist sicher hindernd, wenn der selbstauferlegte Druck perfekt sein zu wollen, sich ständig in Ihrem Verhalten niederschlägt.

Der Kindergarten als Erlebnis- und Lernfeld ist Teil unserer Bildungslandschaft. Eine gute Bildungsqualität in Kindertagesstätten wird immer durch hohes Engagement, Kompetenzen und die Beziehungsfähigkeit der unterschiedlichsten Akteure in diesen Institutionen erreicht.

Gute Erzieherinnen und Erzieher im Lernfeld Kindergarten …

… vergessen nie, dass es Menschen sind und nicht Programme, die die Qualität eines Kindergartens ausmachen;

… sind sich selbst und ihren Mitmenschen gegenüber offen, neugierig und tolerant;

… besitzen Ideenreichtum und Fantasie, sind bereit und haben Lust, immer wieder dazuzulernen;

… schaffen eine positive Atmosphäre in ihrem Kindergarten und behandeln alle Kinder, Eltern und Kollegen mit Respekt;

... pflegen eine Kommunikation auf der Grundlage wechselseitiger Anerkennung und Wertschätzung und sind in der Lage, pädagogische Beziehungen aufzubauen und professionell zu gestalten;

... kennen die Wirkung und die Macht des Lobs;

... handeln stets verantwortlich durch ihr Wissen, Können und ihr positives Vorbild;

... pflegen ihre Beziehungen, vermeiden persönliche Verletzungen und reparieren jeden entstandenen Schaden;

... gehen bei allem, was sie tun, planvoll, überlegt und reflektierend vor. Wenn etwas nicht so klappt, wie ursprünglich geplant, reflektieren sie ihr Handeln, suchen nach neuen Wegen und modifizieren ihren Plan;

... beobachten aufmerksam und dokumentieren Lernprozesse und deren Ergebnisse;

... fördern die Bereitschaft der Kinder, Probleme selbstständig anzugehen und produktiv zu lösen;

... unterstützen ihre Kinder in allen Bereichen der Persönlichkeitsentwicklung und der Selbstbildung beim entdeckenden Lernen;

... sind teamfähig und kooperativ, tauschen sich regelmäßig mit ihren Kollegen aus und verfügen über die Fähigkeit vorausschauend initiativ zu sein;

... haben Empathie und Verständnis für ihre Kinder und wissen, dass Verhaltensweisen mit Emotionen verbunden sind. Sie wissen auch, wie wichtig Emotionen sind, um Veränderungen und Lernprozesse in Gang zu bringen;

... haben eine kritisch-konstruktive und reflektierende Haltung zu Theorien, Konzepten und Handlungen ihres beruflichen Alltags im Kindergarten;

... verfügen über die Fähigkeit, ihre Berufsrolle in der Elementarerziehung ständig weiterzuentwickeln.

# Literatur

*Die hier aufgeführte Literatur bietet Ihnen didaktisch-methodische Hilfen und pädagogische Anregungen für die praktische Bildungsarbeit im Kindergarten.*


Ballusseck v., H. (2008): Professionalisierung in der Frühpädagogik. Leverkusen

Berger, M./Berger, L. (2004): Der Baum der Erkenntnis für Kinder und Jugendliche im Alter von 1 – 16 Jahren. Bremen

Bostelmann, A. (Hg.)(2007): Das Portfolio-Konzept für Kita und Kindergarten. Mühlheim a.d.R.

Brodin, M./Hylander, I./Thiesen, P. (Hg.)(2002): Wie Kinder kommunizieren. Daniel Sterns Entwicklungspsychologie in Krippe und Kindergarten. Weinheim und Basel

Crowther, I. (2005): Im Kindergarten kreativ und effektiv lernen. Auf die Umgebung kommt es an. Weinheim und Basel

Dobrick, M. (2011): Demokratie in Kinderschuhen: Partizipation & KiTas.

Ebbert, B. (2010): 100 Dinge, die ein Vorschulkind können sollte. München

Ellermann, W./Thiesen, P. (Hg.) (2013): Bildungsarbeit im Kindergarten erfolgreich planen. 3. Auflage Berlin

Elschenbroich, D. (2003): Weltwissen der Siebenjährigen. Wie Kinder die Welt entdecken können. München

Frey, K. (2012): Die Projektmethode. Der Weg zum bildenden Tun. Weinheim und Basel

Griebel, W./Niesel, R. (2004): Transitionen: Fähigkeit von Kinder in Tageseinrichtungen fördern, Veränderungen erfolgreich zu bewältigen. Weinheim und Basel

Harz, F. (2006): Kinder und Religion. Was Erwachsene wissen sollten. Seelze

Jacobs, D. (2007): Kreative Dokumentation. Dokumentationsmodelle für Kindertageseinrichtungen. Berlin

Jungmann, W./Huber, K. (2009): Heinrich Roth – „moderne" Pädagogik als Wissenschaft (Pädagogische Klassiker des 20. Jahrhunderts). Weinheim und Basel

Kazemi-Veisari, E. (2004): Kinder verstehen lernen. Wie Beobachtung zu Achtung führt. Seelze

Korte, M. (2011): Wie Kinder heute lernen: Was Wissenschaft über das kindliche Gehirn weiß. München

Krempien, C./Thiesen, P. (2009): 50 bildnerische Techniken. Ein Arbeitsbuch für Kindergarten, Hort und Grundschule. 5. Auflage Berlin

Krohn, M. (2008): Grundwissen Didaktik. Stuttgart
Krok, G. (2007): Portfolios im Kindergarten. Das schwedische Modell. Mühlheim
Küppers, H. (2013): Eine Reise durch Kitas in aller Welt. Was Deutschland von anderen lernen kann. Weinheim und Basel
Laewen, H.-J./Andres, B. (2002): Bildung und Erziehung in der frühen Kindheit. Berlin
Lauber, A./Schmalstieg, P. (2012): Wahrnehmen und Beobachten. Stuttgart
Lentes, S./Thiesen, P. (2012): Ganzheitliche Sprachförderung mit CD-ROM. 4. Auflage Berlin
Müller, C.W./Thiesen, P. (Hg.) (2007): Menschen zu Menschen bilden. Berlin
Pfeiffer, S. (2012): Lernwerkstätten und Projekte in der Kita: Handlungsorientierung und entdeckendes Lernen. Göttingen
Pousset, R. (Hg.) (2006): Handwörterbuch für Erzieherinnen und Erzieher. Berlin
Prott, R./Hautumm, A. (2004): 12 Prinzipien für eine erfolgreiche Zusammenarbeit von Erzieherinnen und Eltern. Berlin
Regel, G./Kühne, Th. (2007): Pädagogische Arbeit im offenen Kindergarten. Freiburg
Roth, G. (2011): Bildung braucht Persönlichkeit. Wie lernen gelingt. Stuttgart
Schäfer, G. (Hg.)(2003): Bildung beginnt mit der Geburt. Förderung von Bildungsprozessen in den ersten sechs Lebensjahren. Weinheim, Berlin, Basel
Schilling, J. (2008): Didaktik/Methodik der Sozialpädagogik.Grundlagen und Konzepte. Stuttgart
Seyffert, S. (2011): Entspannte Kinder lernen besser. Hannover
Spitzer, M. (2007): Gehirnforschung und die Schule des Lebens. Heidelberg
Stahmer-Brandt, P./Thiesen, P. (2012): Kinder entdecken ihre Umwelt. Für Kindergarten und Grundschule. 7 Entdeckungstouren durch Natur und Umgebung. Weinheim und Basel
Terhardt, E. (2000): Lehr-Lern-Methoden. Eine Einführung in die Probleme der methodischen Organisation von Lehren und Lernen. Weinheim und Basel
Textor, M. (2013): Projektarbeit im Kindergarten. Planung, Durchführung, Nachbereitung. 2. Auflage Norderstedt
Thiesen, P. (2014): Arbeitsbuch Spiel. Für die Praxis in Kindergarten, Hort, Heim und Kindergruppe. Mit CD-ROM. 7. Auflage Köln
Thiesen, P. (2014): Beobachten und Beurteilen in Kindergarten, Hort und Heim. 7. Auflage Berlin
Thiesen, P. (2011): Das Montagsbuch. Spiele und Ideen gegen das Montagssyndrom in Kindergarten, Hort und Grundschule. Weinheim und Basel
Thiesen, P. (2013): Das Spiele-Handbuch für Krippe und Tagespflege. Begabungen erkennen und bewusst fördern. Berlin

Thiesen, P. (2010): Das Survival-Buch für Erzieherinnen: Wie Sie den Berufsalltag erfolgreich bestehen. 4. Auflage Freiburg

Thiesen, P. (2000): Die gezielte Beschäftigung im Kindergarten. Doppel-CD. Freiburg

Thiesen, P. (2013): Drauflosspieltheater. Ein Spiel- und Ideenbuch für Kinder- und Jugendgruppen, Schule und Familie. Weinheim und Basel

Thiesen, P. (2011): Erfolgreiches Kontakt- und Kommunikationstraining. 149 Spiele zur Selbsterfahrung.Tübingen

Thiesen, P. (2010): Klassische Kinderspiele. Neu entdeckt für Kindergarten und Hort. Weinheim und Basel

Thiesen, P. (2010): Komm, lass uns draußen spielen! Mehr als 200 Spiele für Garten, Hof & Co. Berlin 2010

Thiesen, P. (2011): Komm, lass uns was entdecken. 188 Spiele zum Erkunden und Experimentieren. Berlin

Thiesen, P. (2013): Konzentration und Aufmerksamkeit entspannt fördern. 264 lebendige Spiele für Kindergarten, Hort und Grundschule. 4. Auflage Freiburg

Thiesen, P. (2011): Sehen, fühlen, schmecken – die Welt entdecken. 200 Wahrnehmungsspiele für Kindergarten, Hort und Grundschule. Berlin

Thiesen, P. (2010): Spielend durch das Jahr in Kindergarten und Hort. Mehr als 250 Spiele für drinnen und draußen. Berlin

Thiesen, P. (2012): Werkzeugkasten kreatives Spiel. Freiburg

Vogelsberger, M./Thiesen, P. (Hg.) (2002): Sozialpädagogische Arbeitsfelder im Überblick. Weinheim und Basel

Wieacker-Wolff, M.-L. (2002): Mit Kindern philosophieren. Staunen – Fragen – Nachdenken. Freiburg

Zimmer, R. (2004): Handbuch der Bewegungserziehung. Grundlagen für Ausbildung und pädagogische Praxis. Freiburg

# Der Autor

Peter Thiesen, Diplom-Sozialpädagoge und Oberstudienrat, war Bezirks- und Stadtjugendpfleger, Lehrbeauftragter an der Fachhochschule Kiel. Zweites Staatsexamen für das höhere Lehramt an Berufsbildenden Schulen. Seit 1979 Dozent an der Fachschule für Sozialpädagogik in Lübeck. Als Autor und Herausgeber von 70 Büchern zur Sozial-, Schul- und Spielpädagogik hat er sich über Deutschlands Grenzen hinaus einen Namen gemacht. Mehrere seiner Veröffentlichungen erschienen in englischer, holländischer und japanischer Sprache. Er ist mit einer Erzieherin verheiratet und Vater von zwei Söhnen.